歴史文化ライブラリー
334

アマテラスと天皇

〈政治シンボル〉の近代史

千葉 慶

吉川弘文館

目　次

天皇制における「シンボル」とは何か?―プロローグ……………… 1
なぜ、「象徴」について再考する必要があるのか?／国政における「シンボル」とは何か?／政治シンボルは、わたしたちに何をもたらすのか?

統治／革命の正当化　政治シンボルのアンビヴァレントな性質

政治シンボルの創出―明治維新とアマテラス…………………… 12
政治シンボルを必要とした維新政府／政治シンボルと正当性の構築／天皇権威の低下／政治シンボルとしての神武天皇／神武天皇からアマテラスへ／政治シンボルとしてのアマテラス

統治の正当化―政治シンボルとしてのアマテラスの創出と展開……… 27
アマテラスの創出／アマテラスの変容／東照大権現とアマテラス／幕藩体制のゆらぎとアマテラスの再浮上／水戸学のアマテラス祭祀

革命の正当化―政治シンボルとしてのアマテラスの流用……………… 42

諸刃の剣としてのアマテラス／大塩平八郎の乱と「世直し」のアマテラス／鯰絵の中の「世直し」のアマテラス／異形のアマテラス

維新政府による政治シンボルの再編―アマテラスの流用と一元化 …… 57
「世直し」のアマテラスの流用／「世直し」する天皇像／不安定な受容／アマテラスの独占と検閲

宗教と非宗教の狭間に　政治シンボルの馴致

神道国教化政策の展開―政治シンボルのリスク …… 74
曖昧化された政治シンボル／政治シンボルのリスク／祭政一致と神祇官復興／神祇官における大国派の覇権／教義論争のリスク／神祇官から神祇省へ／アマテラス教の創出

アマテラスから神武天皇へ―政治シンボルの世俗化 …… 93
近代化政策への移行／国民意識の醸成へ／政治シンボルの転換／神祇省から教部省へ／アマテラス自体のリスク化／神道国教化政策の破綻／アマテラスから神武天皇へ／女権の解体と政治の男性化／徴兵制度と「尚武の国体」／紀元節の制定／世俗化のジレンマ

国教化と世俗化の微妙なバランス―政治シンボルの馴致 …… 116
自由民権運動の激化と世俗化の弊害／国教化志向への揺り戻し／国教化と世俗化の微妙なバランス／宗教と非宗教の狭間に／政治シンボルの馴致／政治シンボルとしてのアマテラスの受容／せめぎあうアマテラス

せめぎあう解釈　政治シンボルの暴走へ

帝国憲法体制の亀裂―政治シンボルのリスク、再び …… 142
『国体の本義』におけるアマテラス／政治シンボルの濫用と天皇権威の濫用／帝国憲法体制の亀裂／久米邦武事件／『憲法義解』と教育勅語

「シズム」の時代のアマテラス―官制国体論と民間国体論の相克 …… 157
「シズム」の時代／ゆらぐ天皇統治／家族国家観に基づく官制国体論／神社中心主義／筧克彦の古神道／天理教における「世直し」のアマテラス／大本教における「世直し」のアマテラス

異端と正統の逆転　政治シンボルの暴走へ …… 183
官制国体論の世俗化／政党勢力の台頭と国体論／官僚勢力の独自行動と国体論／軍部の政治勢力化／軍部の中の国体論／異端と正統の逆転／天皇機関説事件／暴走する政治シンボル／政治シンボルの成れの果て

「象徴」天皇制再考―エピローグ …… 215
政治シンボルの交代／象徴天皇のリスク

あとがき

参考文献

天皇制における「シンボル」とは何か？——プロローグ

天皇は、日本国の象徴であり日本国民統合の象徴であつて、この地位は、主権の存する日本国民の総意に基く（日本国憲法第一条）。

1　天皇制における「シンボル」とは何か？

なぜ、「象徴《シンボル》」について再考する必要があるのか？

わたしたちが暮らしているこの日本の政治体制は、以上に挙げた条文に基づいて、一般に「象徴天皇制」と呼ばれている。

ところで、「象徴天皇制」とは何だろうか。非常にわかりにくい。もっとも、天皇が「元首」とされていた戦前とは違って、現憲法下では「象徴《シンボル》」とされており、これがこの体制の中心に存在しているらしいというところまではわかる。とはいえ、この象徴天皇制がわたしたちにどのような影響を与え得るのか、わたしたちがそれにどのような関わりを持ち得るのかがまるで見えてこないのではないだろうか。

問題の核心は、「象徴」とは何かということにある。現憲法の公布から、すでに六〇年以上の歳月が流れた。その間には、数多くの象徴天皇制論が発表されてきたが、「象徴」とは何かという問いに対して、多くの人々が参照し得る明確な回答を示したものは未だ存在していない。

その理由は、現憲法に「象徴」を定義する箇所がないからに他ならない。そのため、良心的な論者は積極的に新たな定義を持ち込むことを抑制しがちだし、野心的な論者が独自の定義を出したとしても、他の論者がそれを採用することはまずない。かくして、「象徴」の意味が曖昧なままになっている。

ところで、この意味が曖昧であるという状況は、単に象徴天皇制のわかりにくさに繋がっているだけではない。国民であるわたしたちに、大きなデメリットをもたらしているのである。

第一は、主権者である国民が持っているはずの、自国の政治体制を理解し、判断し、再検討する権利の侵害である。憲法第一条は、天皇の「象徴」としての地位は、「日本国民の総意」に基づくと定めている。この条文は、しばしば、「象徴」としての天皇の地位があらかじめ国民に支持されていることを確認したものと誤解されがちだが、そうではない。憲法改正手続きにしたがって、国民が天皇を「象徴」とする制度を変更するかどうかを決める権利を持っていることを示す規定である（榎原猛『憲法―体系と争点』）。しかし、象徴天皇制がわかりにくいままでは、その権利の行使は到底できない。

第二は、政権与党の政策次第で、「象徴」がいくらでも拡大解釈されてしまうというデメリットである。実際、「象徴」には、意味が曖昧なために、お互いに相容れない解釈の並存を許容するほどの解釈の幅が生まれた。

一九五〇年代以降、「象徴」には、保守勢力が主導する天皇元首化に反対する憲法学者たちによって、「元首ではない」という解釈が与えられ、六〇年代以降、それを天皇の非政治性・非権力性の徴《しるし》として捉える解釈が国民の間で一般化した。しかし他方で、天皇元首化を目指し当初は「象徴」規定に反発していた勢力が、保守政権の下での憲法運用と皇室外交の積み重ねによって、天皇を実質的に「元首」として国内外に認めさせる慣例を作ることに成功し、六〇年代には一転、「象徴」を「元首」として解釈するようになった（冨永望「『象徴天皇制』という言葉」）。

極端に言えば、「象徴」はもはや、どんな解釈をも許容するマジックワードになっている。もちろん、国民の反発を招きかねない極端な解釈がいきなりなされることはないだろうが、国民が気付かないうちに、いつの間にか国民にデメリットをもたらす解釈が主流になり、政策に反映されてしまうリスクが全くないとは言い切れない。

こうしたデメリットを解消し、国民としての権利を守るために、わたしたちは、積極的に「象徴」とは何かを問い直し、提案してゆくべきなのである。本書は、そのためのささやかな試みである。

国政における「シンボル」とは何か？

そもそも、国家政治における「象徴《シンボル》」とは何だろうか。何のために存在しているのだろうか。あまた存在する象徴天皇制論をひもといたところで、この問いに対する回答を得ることは難しい。

そこで、本書では視点を変え、いったん天皇制論の枠組みから離れて、リン・ハント『フランス革命の政治文化』における指摘を導きの糸として、議論を展開してみたい。どんな形態の政治体制であっても、「シンボル」を必要としない体制はなく、「シンボルなくして統治は不可能である」というのが、ハントの指摘である。なお、この場合の「シンボル」は、わたしたちが文学的記号として日常的に用いているそれとは異なり、統治のための政治的装置である。本書では、これを「政治シンボル」と言い表わしておこう。

彼女の議論を定義風に整理しておく。政治シンボルとは、第一に、統治の正当化を担う政治的装置である。第二に、統治（者）の理想や原則を具体的なイメージとして表わし、その統治が正当であるという根拠を示す。だから、第三に、統治者は、政治シンボルとみずからの存在を強く結び付ける論理（国家イデオロギー）を紡ぎ出すことによって、みずからの統治の正当性を主張することができる。また、第四に、政治シンボルを用いた教義や物語・儀式・モニュメントなどを通してこの論理を広めることで、統治者層と被治者層の間にこの統治の正当性に関する合意を作り出し、互いに再確認させることができる。

もう少し、やさしく言い換えてみよう。あらゆる統治が政治シンボルを必要とするのはなぜか。要は、どんな体制であっても、どんなカリスマ的君主であっても、暴力的手段で一方的に統治者層の意見をまとめ、被治者層を押さえ込むようなことをしていたら、当然反発が生じてしまい、その統治を安定させることができなくなる。だから、統治者・被治者の双方に、この統治に対して自発的かつ積極的支持をさせなくてはならない。政治シンボルは、統治者層の間に目指すべき統治（者）の理想についての合意を作り出し、その合意を被治者層に共有させる有効な手段になり得る。したがって、「シンボルなくして統治は不可能」ということになる。

ハントの議論に、欧米人の研究者にありがちな普遍主義的勇み足があることは否定し得ない。彼女はあらゆる体制について分析したうえで、以上の議論を展開したわけではない。とはいえ、先に挙げた憲法第一条の規定を見る限り、少なくとも、天皇制には当てはまる指摘のように思われる。

つまり、憲法における「象徴」は、政治シンボルであり、現体制による統治（権力行使）を正当化するために存在していると捉えることができそうだ。すると、憲法第一条の「天皇は、日本国の象徴であり日本国民統合の象徴」という部分は、政治シンボルとしての天皇によって、日本国憲法に基づく新しい体制に「日本国民統合」という理想的イメージと正当性根拠とを与え、その統治を正当化するものと読める。また、「この地位は、主権の存する日本国民の総意に基く」という部分には、政治シンボルとしての天皇を介し、新しい統治に対して、統治者であり被治者である国民相互の合意を促す演出が見えてくる。

政治シンボルは、わたしたちに何をもたらすのか？

では、この政治シンボルは、わたしたちに何をもたらし得るのか。わたしたちは、政治シンボルにどう関わり得るのか。この問いに答えるためには、政治シンボルが実際どのように用いられ、政府内外の人々がそれにどう関わってきたのかを具体例によって検討するケーススタディが必要だ。

ところで、通常ならば、この前置きを踏まえて、現在の政治シンボルである「象徴天皇」を例に分析に取り掛かるところだが、本書ではタイトルにあるとおり、近代におけるアマテラスを分析対象の中心に据える。

なぜ、戦後の天皇を分析対象としないのか。それは、天皇の非政治化が原則とされる戦後政治において、「象徴天皇」が政治シンボルとしてあからさまに運用された事例を挙げることは難しく、それを分析対象にはしづらいからである。

では、なぜ、アマテラスなのか。それは、「象徴天皇」以外の政治シンボルの事例を歴史の中に探したとき、アマテラスがもっとも適当と思われるからである。

例えば、『古事記』『日本書紀』（記紀神話）に描かれた皇祖神アマテラスは、古代天皇制が天皇統治を正当化するために創出した政治シンボルと捉えることができる。豊国大明《ほうこくだいみょう》神《じん》・東照大権現《とうしょうだいごんげん》も、豊臣政権・江戸幕府がその統治を正当化するために創出した政治シンボルといえる。明治以降の近代天皇制では、体制を正当化する論理（国家イデオロギー）の要《かなめ》に再び皇祖神アマテラスが据えられた。他にも、政治体制の数だけ政治シンボルを挙げることができるだろう。

これらの例のうち、アマテラスは、現存最古の事例であり、もっとも広範な層に普及し、もっとも長く用いられた事例である。しかも、近代に復活した後、敗戦によって政治シンボルとしての権威が著しく凋落《ちょうらく》したものの、未だに国政に対する強い影響力を持ち続けている。

例えば、国旗の「日の丸」とアマテラスの太陽神としての属性は、無縁ではないだろうし、記憶に新しい二〇〇九（平成二一）年の天皇即位二〇周年式典で披露された奉祝組曲「太陽の国」にその影響を見ることは難しくない。なお、作詞を担当した秋元康によれば、歌詞中の「太陽」は天皇を表わしていたということだから（『女性セブン』二〇〇九年一二月三日号）、アマテラスになぞらえて天皇の地位の正当性強化が意図されていたことがわかる。また、例年正月に繰り返される、政府首脳や有力政治家が伊勢神宮を参拝する慣習は、アマテラスの政治シンボルとしての権威を前提にしたものといえよう。天皇の地位の正当性にしても、憲法のいう「国民の総意」によって保証されているというよりは、アマテラスが「天孫降臨」の際にニニギノミコトに授与したとされる「三種の神器」の継承によって保証されているのであり、未だにアマテラスの存在なしでは担保できない。したがって、政治シンボルのケーススタディとしてこれ以上の分析対象はないと言っていいのである。

では、近代という時期を分析対象の中心に据えるのはなぜか。それは、この時期が、統治者と被治者のすべてが天皇に関連する政治シンボルを介し統治の正当性を共有するという、現代の「象徴天皇制」に直接繋がる政治文化が全国的規模で普及した時期だからである。また、この時期のアマテラスには、近代以前に確立された宗教シンボル（神）が、近代になって政治シンボルとして再編され、国民全体に対する広範な影響力を確立するが、やがて暴走し、敗戦によって政治シンボルとしての運用価値を凋落させるまでに至る――政治シンボルの創出から解体に至るまでの――振り幅を見ることができるからである。

つまり、この時期のアマテラスの運用と受容の事例には、政治シンボルがわたしたちに何をもたらし得るのか、わたしたちが政治シンボルにいかに関わり得るのかについて考えるうえで有効な参照材料になるような経験がたくさん詰まっている。だから、このケーススタディは、現代あるいは将来の天皇制における政治シンボルの意味を考えるためには、一見、的外れな手段のようでありながら、もっとも理にかなった手段なのである。

統治／革命の正当化

政治シンボルのアンビヴァレントな性質

政治シンボルの創出——明治維新とアマテラス

どんな政治体制であれ、「シンボルなくして統治は不可能である」。この指摘は、近代天皇制にも該当する。

政治シンボルを必要とした維新政府

近代天皇制は、一八六七（慶応三）年一二月九日の、いわゆる「王政復古」のクーデターによってスタートした。この維新政府がまず行ったことは、クーデターと新政府による統治、新しい君主とを正当化する政治シンボルの創出であり、普及だった。

実際、維新政府が最初に行った政策は、「王政復古の沙汰書」の布告である。

叡慮《えいりょ》（天皇の意志）決せられ、王政復古、国威挽回の御基《おんもとい》立てさせられ候間、今より摂関・幕府など廃絶、即今まず仮に総裁・議定《ぎじょう》・参与の三職置かせられ、万機行わせらるべく、諸事神武創業の始めに原《もと》づき…（遠山茂樹編『天皇と華族』）

革命のマニフェストと言うべきこの沙汰書は、クーデターがもたらした新しい統治（者）を、理想の君主であり神話上の初代天皇である神武天皇（の統治）の復活と位置付け、正当化するものである。ここに政府は、神武天皇をみずからの政治シンボルとして創出したわけである。

また、政府は、一八六八（慶応四）年初頭から翌年にかけて、このマニフェストを民衆向けに平易に書き換えた「人民告諭」を数種頒布した。例えば、クーデターに対して起こされた内戦（戊辰戦争）の終了後、社会不安によって農民一揆が頻発した東日本の民衆の慰撫を目的として改めて出された、「奥羽人民告諭」（一八六九〈明治二〉年二月）を一部引用してみよう。

天子様は、天照《アマテラス》皇太神宮様の　御子孫様にて、此世の始より日本の主にましまし、神様の御位正一位など、国々にあるも、みな　天子様より御ゆるし遊され候わけにて、誠に神さまよりも尊く、一尺の地も一人の民も、みな天子様のものにて、日本国の父母にましませば…日本の地に生れし人々は、ひとしく赤子《せきし》と　思召され…（明治文化

研究会編『明治文化全集』第二五巻）

こちらは、先の引用とは違い、神武天皇は登場しない。その代わり、アマテラスを介して、その子孫である天皇が神よりも偉大であり、日本の支配者としての地位を有するということを正当化し、その統治を、天皇が日本国の父母として人々を自分の子どものように慈しむという理想的イメージで表わした。ここには、アマテラスが新たな政治シンボルとして掲げられる様を見て取ることができる。

そして、これ以後、近代天皇制の政治文化では、敗戦に至るまでの間、さまざまな紆余曲折を経つつ、アマテラスを中心に、神武天皇を併用する形で、政治シンボルが積極的に運用されてゆくことになる。

では、どういった歴史的経緯で、維新政府は政治シンボルを掲げるに至ったのだろうか。また、最初に採用した神武天皇に止まらず、アマテラスを後から追加し、なおかつより積極的に運用するに至ったのだろうか。本章では、まずこの点から論ずることにしよう。

政治シンボルと正当性の構築

維新政府が政治シンボルを必要とした背景には、まず政権の支持基盤の弱さがある。この政権は、公家の岩倉具視《いわくらともみ》、長州藩の木戸孝允《きどたかよし》、薩摩藩の大久保利通《おおくぼとしみち》・西郷隆盛《さいごうたかもり》らが主導した統治者層内部のクーデターによって成立した。

だから、この政権は、一部の勢力が国家権力を「私《わたくし》」するもの（統治の正当性がない）と見なされてしまった。一八六八（慶応四）年一月早々には、前将軍徳川慶喜《とくがわよしのぶ》が「討薩表」を出し、これは薩摩藩による陰謀であり、「私意」をもって天皇や朝廷をたぶらかすものであると宣伝した。そして、新政府軍と旧幕府軍との間で戊辰戦争が勃発する。

こうなると、政府としては、正当性が希薄な政権を安定させるために、速やかな大義名分の構築が至上命題となってくる。つまり、自派以外の人々に、この試みが怪しげな陰謀などではなく、由緒正しい根拠に基づく確かなものであることを納得させなければならない。

実際、維新政府初期の政治文書を見ると、新しい統治のあり方を、「私」の排除に基づく「公」の構築として説明する文言を随所に見出すことができる。

例えば、天皇が臣下とともに神々に向けて統治の方針を誓った「五箇条の誓文《せいもん》」（一八六八年三月）には、広く会議を起こし万機「公論」に決すべし、旧来の陋習《ろうしゅう》を破り、天地の「公道」に基づくべしという文言が見られる。また、政府の新しい体制を定めた「政体書」（同年閏四月）には、役人は「私」に政治を議するな、もしも議論を乞うならば、宮中に出て「公論」を経ることとある。さらに、旧藩主が統治権を天皇に返還する旨を宣言した「版籍奉還」（一八六九年六月）でも、藩主が土地や人民を「私有」することを否定し、すべてを天皇という「公」の下に帰一させるというレトリックを見出すことができる。

政治シンボルの採用は、この「公」（統治の正当性）が維新政府と新しい君主の手にあることを具体的なイメージで表象し、普及させる有効手段として必然的に選ばれたわけである。

天皇権威の低下

ただ、これだけでは、維新政府が天皇の他にアマテラスや神武天皇を政治シンボルとして採用した理由の説明にはならない。天皇を擁立した政府はことさらに他の政治シンボルを必要とはしなかったのではないかという反論は、当然あり得る。

しかし、歴史的経緯を見て行くと、明治維新の時点において、天皇が単独で政治シンボルとしての機能を満たせなかったことがわかる。

幕末の政争では、天皇の権威が露骨に政治利用されることが珍しくなくなっていた。その背景には、将軍や幕府の権威の低下がある。すでに、一八世紀末から一九世紀初頭における異国船来航をめぐる幕府の慌てぶりや対応のずさんさに、その権威低下の兆候は現われていたものの、まだ決定的ではなかった。しかし、一八五八（安政五）年の日米修好通商条約調印の際に、幕府が調印反対の大名を抑えることができず、天皇の勅許を求めるに至ったことは、権威低下を決定的なものとした。

これ以降、幕府や佐幕派は、低下した幕府権威を補強し再編するために、天皇権威を露骨に利用し、幕府の政策に不満を持つ尊皇攘夷派は、同じく攘夷の方針を持っていた孝明天皇を政治シンボルとして掲げ、自派の運動の正当化に利用した。

対立する両派から頼りにされることで、政治シンボルとしての天皇の権威は一方で高まっていったが、他方で、露骨な政治利用は、天皇自身の意向の軽視にも繋がった。そして、ニセモノの「勅命」（天皇の命令書）まで出てくるに至り、天皇の政治シンボルとしての機能は低下していった。例えば、一八六五（慶応元）年に大久保利通が西郷隆盛に宛てた書簡には、「非義の勅命は勅命にあらず」という文言が見られる。

また、一八六六年一二月には孝明天皇が死去し、翌年早々に即位した明治天皇が数え年わずか一六歳の幼帝だったため、天皇はますます露骨に政治利用されるようになった。この頃の天皇は、大久保や木戸ら倒幕派の間で、「玉《ぎょく》」とさえ呼ばれた。

一八六七年一〇月には、武力倒幕を正当化するために、岩倉具視らの手で「密勅」（天皇の秘密の命令書）が作成されたが、徳川慶喜が倒幕派の先手を打って「大政奉還」をしたため、倒幕の必要がなくなり、急遽取り消される事態が生じた。このずさんな経過には、天皇の権威低下の極みが見られる。

もちろん、それでも天皇に代わるほどの権威は他にない。だから、「王政復古」のクーデターも天皇なしでは正当化し得なかった。しかしながら、「王政復古」をうたい、天皇統治の理想を宣伝したところで、大名・公卿たちがそこに幼い天皇の意志が反映されていると見るはずもなかった。

実際、王政復古の沙汰書を受けて召集された小御所会議では、さっそく土佐藩の山内豊《やまうちとよ》信《しげ》が、今回のクーデターに対して、「岩倉らが『幼冲《ようちゅう》の天子』を擁して起こした陰謀ではないか」と批判する事態が生じた。『岩倉公実記』によれば、その場は、岩倉が「天皇は『不世出の英材』であり、今日の挙は天皇自身の決断によって行われた」と山内を恫喝し失言を撤回させ、その場を収めたとある。しかし、岩倉自身は、これですんなりコトが収まるとは考えていなかったようだ。例えば、一八六八年四月に中山忠能《なかやまただやす》（天皇の祖父）が岩倉に宛てた書簡では、「このクーデターがわれわれの手で行われたことなど誰もが知っていることで、このままだとこれに不服を持つ人間が現れるのではないか」という危惧が述べられていた（『中山忠能履歴資料』第九）。

だからこそ、屋上屋を重ねるかのように、頼りない天皇の権威をさらに補強するため、アマテラスや神武天皇を政治シンボルとして採用するに至ったと見ることができよう。

政治シンボルとしての神武天皇

では、維新政府が、他の政治シンボルではなく、アマテラスと神武天皇を選んだ理由はどこにあるだろうか。統治の正当性を物語る国家イデオロギーの中心に、最初に採用した神武天皇ではなく、アマテラスを据えた理由はどこにあるだろうか。

王政復古の沙汰書の時点で、神武天皇を政治シンボルとして採用することを提案したのは、岩倉具視のブレーンであった国学者の玉松操《たままつみさお》である。

『岩倉公実記』によれば、維新政府の政治シンボルは当初、中山忠能らの提案によって、後醍醐天皇となるはずだった。しかし、玉松が「王政復古は勤めて度量を宏くし、規模を大きくすることを要するので、初代天皇に復古するとし、『万機の維新』を行うことを基準にすべきである」と主張し、神武天皇となったのだという。

玉松および政府首脳の狙いは、もちろん、神話の時代に属する神武天皇の政治を文字どおり再現するという不可能事をやろうというのではない。狙いは「万機の維新」、つまりすべての事柄をゼロから刷新する大変革を正当化することにあった。実際、王政復古の沙汰書には、その狙いを物語る「旧弊御一洗」「百事御一新」というスローガンを見出すことができる。

だから、後醍醐天皇が政治シンボルでは、この狙いを十分に満たすことはできなかった。後醍醐天皇の建武新政《けんむのしんせい》に復古するとすれば、史書に基づいて具体的なイメージを固めることができる一方で、変革の内容が限定されてしまう。すると、「旧弊」になっているものをも取り込まざるを得なくなるかもしれない。他方、神武天皇のイメージは、まるで固定されておらず、その意味内容はまるで想像もつかない。ゆえに、あらゆる「旧弊」に関わりのない新しい政治をどうとでも発明することができるわけである。しかも、その発明を初代天皇の政治への復古としてしまえば、何でも「理想」へと置換することができ、正当化することができる。以上が、神武天皇を採用した理由といえる。

例えば、一八六八（慶応四）年八月の明治天皇即位式では、津和野藩出身の国学者、福《ふく》羽美静《ばびせい》の主導によって、神武天皇への復古を名目に、式次第の大胆な刷新が行われた。天皇の礼服は、古代以来の中国皇帝を模したものから、日本独自の「黄櫨染《こうろぜん》」に変えられた。即位式場に掲げられた陰陽道に基づくさまざまな旗は、記紀神話の祭事の記述を参照したものに差し替えられ、中世以来の慣例となっていた仏教式の即位灌頂《そくいかんじょう》は廃止された。これらの刷新には、天皇の地位の正当性を支える諸権威のうち天皇以外に由来するいっさいのものを徹底排除することによって、天皇権威を絶対化するという一貫した意図を見出すことができる。

ところで、新式次第の極めつけは、福羽が最重要視した地球儀の配置である。彼は、天皇が地球儀を踏みしめる行為を式次第に加え、そこに天皇が「全帝国に登臨」する（世界を支配する地位に就く）ことを示すという意味を込めた（伊木壽一「明治天皇御即位式と地球儀」）。この地球儀は、神武天皇とまったく関連性がない。それでも、神武天皇という政治シンボルは、これすらも正当化し、なおかつ理想化された国家的伝統として置換し得たわけである。

ただ、神武天皇は、政治シンボルとして万能だったわけではない。イメージが固定していないことが逆にリスクにもなった。

例えば、一八六八年三月の「五箇条の誓文」の発布の際には、三岡八郎《みつおかはちろう》（由利公正《ゆりきみまさ》）と福岡孝弟《ふくおかたかちか》が諸侯を前に天皇が政治方針を神々に誓約する新式次第を立案して、諸公卿から「神武天皇への復古の精神に反する」という理由で反対される事態が生じた（『明治天皇紀』第二）。その場は、木戸孝允が間に入って収められたが、神武天皇という政治シンボルは、意味内容が恣意的であったために、変革の推進力になる一方で、変革をつぶす道具にもなりかねなかった。

神武天皇からアマテラスへ

また、神武天皇だけでは、被治者である民衆から、新しい統治と君主に対する積極的支持を取り付けることはできなかった。

そのことは、一八六九（明治二）年四月、岩倉具視が東京在住の政府関係者に向けて発した文書からうかがい知ることができる。以下に大意を示しておこう。

現在は世界へ門戸を開き、この国でも欧米列強と覇を競うと宣言せんとする状況である。幕府の滅亡で安心するわけにはいかない。国内は未だに綱紀と言えるものが定まっていないために、人心を政府に服従させるに至っておらず、いつまた反乱が起こるかもしれない。そして、これに乗じて欧米列強が侵略の機会を窺っている。欧米は条約によって信義を通すとしているが、勢い次第でどうにでもなってしまう。国内を強固にしていかねば、国家の独立を一日として維持することはできない（『岩倉公実記』中巻）。

この時期の維新政府は、幕府の残党を制圧し、国内の政治勢力の武力統一をほぼ成し遂げ、名実ともに国内における覇権を確立しつつあった。それを象徴するように、前年一二月には、諸外国が維新政府を日本唯一の中央政府として承認した。しかし、この時期にあってなお、政府は、未だに肝心の民衆の積極的支持を取り付けることができておらず、政府首脳は、その隙に欧米からキリスト教が入り込み民心を次々と奪っていくのではないかと強く恐れていた。政権維持どころか国家の独立すら危うい、まさに「危急存亡の秋《とき》」にあるというのが彼らの共通認識だった。

この状況に対処するには、岩倉の言うように、強力に民心を摑む「綱紀」を定めなければならなかったが、民衆に親しまれていない神武天皇にはそんな力などなかった。

そこで持ち出されたのが、アマテラスであり、神道である。一八六九年閏《うるう》四月には、前年一月に設置された神祇事務局を改組して神祇官が設置された。五月には、内戦の終了を受け、天皇が皇居に各官庁の実務者を招き、「皇道興隆」の方法について諮問した。その結果、国内の民心を乱すキリスト教を排撃し、旧幕藩体制を支えた仏教に頼らずに「祭教一途」の体制を作り上げるべく、神道を国教とし、それを機軸として、国家イデオロギー（綱紀）の創出と宣布を行うことが当面の政治方針と定められた（羽賀祥二「神道国教制の形成」）。

このあたりから、アマテラスが徐々に政治シンボルとして前面に押し出されるようになる。

政治シンボルとしてのアマテラス

ところで、それがアマテラスでなければならない必然性はどこにあったのか。「皇祖神であるから」というのは、一見もっともなようだが何の説明にもなっていない。本書ではさらに踏み込んで、政治シンボルとしての機能面から考えてみよう。

神武天皇とアマテラスは、いずれも神話的存在であること、天皇の祖先であり、「原点」を表わすシンボルである（初代天皇と皇祖神）という点で共通している。だから、アマテラスと神武とに互換性があっても不思議ではない。ただし、アマテラスにあって、神武にはない要素が三点ある。

第一は、アマテラスが近代以前にすでに全国的な信者を持つ宗教シンボル（神）だったという点である。第二は、古代以来の長きにわたって、紆余曲折はあったものの、政治シンボルとしての運用実績が積み重ねられていたという点である。第三は、幕末において、被治者の「世直し」願望を正当化する革命の政治シンボルとして運用された経緯があり、民衆の支持を取り付けやすい条件が整っていた点である。

第二・第三の点は、後に回すことにして、まずは第一の点だけを見ておくことにしよう。アマテラスの全国的周知度は、神武と比べて格段に、維新政府に対する親しみやすさを演出するのに向いていた。また、宗教シンボルであるアマテラスは神武とは違って、新しい政府と君主とを宗教的に正当化し、その統治への合意を宗教的信仰という形で取り付けることができた。

ピーター・L・バーガーによれば、宗教的正当化には、三つの要素がある。

第一に、制度的秩序が原初以来から存在してきたものの開示であるかのように思わせること。

第二に、この秩序が人間によって作られ、人間の承認によって維持されていることを忘れさせること。

第三に、革命による秩序が民衆自身の奥深い欲望を実現し、宇宙の根本秩序に自分たちを調和せしめているのだと民衆に信じさせることである（『聖なる天蓋』）。

実際、一八六八（慶応四）年から翌年にかけて出された人民告諭を見ると、この三つの要素がアマテラスという政治シンボルを用いて紡がれた統治の正当化のレトリックに当初から含まれていたことがわかる。前掲した「奥羽人民告諭」は、天皇は「此世の始より日本の主」と述べ、この統治が原初から一貫して続くものであることを強調した（第一の要素）。また、後述する長崎裁判所「御諭書《おさとしがき》」（一八六八年）は、天皇統治は「天に　御日さまが御座るに同じ」と述べ、新しい統治の人為性を否定した（第二の要素）。さらに「奥羽人民告諭」は、「神さまより尊」い天皇が「日本国の父母」となり「日本の地に生れし人々」を等しく「赤子」のように思い一人残らず「安堵」するという統治の理想を示し、この統治こそがすべてであり、民衆たちの望むものであることを訴えた（第三の要素）。

もちろん、政治シンボルを用いた宗教的正当化は、いきなり無前提に登場したものではない。統治者層が宗教シンボルを政治シンボルとして用いる政治文化とその運用実績を持ち、被治者層にこのようなメッセージに信憑《しんぴょう》性を持ち得るような政治的経験があることを前提として、初めて成立し得たのである。続いて、その前提を形作る歴史的経緯について詳しく見て行くことにしよう。

統治の正当化——政治シンボルとしてのアマテラスの創出と展開

アマテラスを政治シンボルとして用いる政治文化は、『古事記』や『日本書紀』にアマテラスの神名が刻まれるのとほぼ時を同じくして創出された。

アマテラスの創出

とりわけ、「天孫降臨」神話は、天皇の先祖にあたるニニギノミコトが皇祖神アマテラスから「神勅」と「三種の神器」を受け、日本の国土を授けられ、その統治を命じられるに至る経緯を描いており、アマテラスの神的権威によって天皇統治を宗教的に正当化するという国家イデオロギー（政治神学）の基礎を形作った。

この政治文化の創出過程に大きく寄与したのが、天武天皇である。天武は、皇位継承戦争である壬申《じんしん》の乱に勝利し即位した。また、その武力を背景に、天皇に権力が集中する強大な律令国家の基礎を作り上げた。しかし、争いで勝ち取ったこの政権には統治の正当性が絶対的に不足していたため、それを作り出し補強することを目的とした政治文化の創出に力を入れた。

アマテラスは、もともと一地方神にすぎなかった。また、神話は現在のように記紀神話としてまとめられておらず、王族や豪族の間にバラバラに伝承されていた。天武は、神話をアマテラスと天皇中心に一元化し、アマテラスを国家最高神とし皇祖神とすることで天皇の地位を神格化した。つまり、アマテラスをみずからの地位と統治を正当化する政治シンボルとして再編したのである。その試みは、彼の死後に完成した『古事記』『日本書紀』として結実する。

また、この再編過程に平行して、古代天皇制の国家イデオロギーの普及を目的とした祭祀システムが整備された。

例えば、毎年の豊穣を祈願する「祈年祭」が新設された。この儀礼では、各国の有力神社が官社として登録され、皇祖神アマテラスの霊力を込めた幣帛《へいはく》（神への捧げ物）が下賜された。この儀礼によって、各国の豪族が信仰する氏神《うじがみ》は、神祇官の管轄下、一元的な国家祭祀の体系に取り込まれ、幣帛の授受と引き換えに、豪族たちは天皇のために祈ることを義務付けられた。

さらに、幣帛の数量や社格が定められ、この祭祀システムに属する神々やそれらを祀る神社は、アマテラスと伊勢神宮（図1）を頂点に序列化された。つまり、このシステムを通して、神話によって正当化されたアマテラスおよび天皇を頂点とする律令国家の位階秩序（国家イデオロギー）が可視化された。そして、儀礼の反復は、この秩序を理想的で「自然」な秩序として定着させるのに寄与したことだろう（丸山裕美子「天皇祭祀の変容」、佐藤弘夫『神国日本』）。

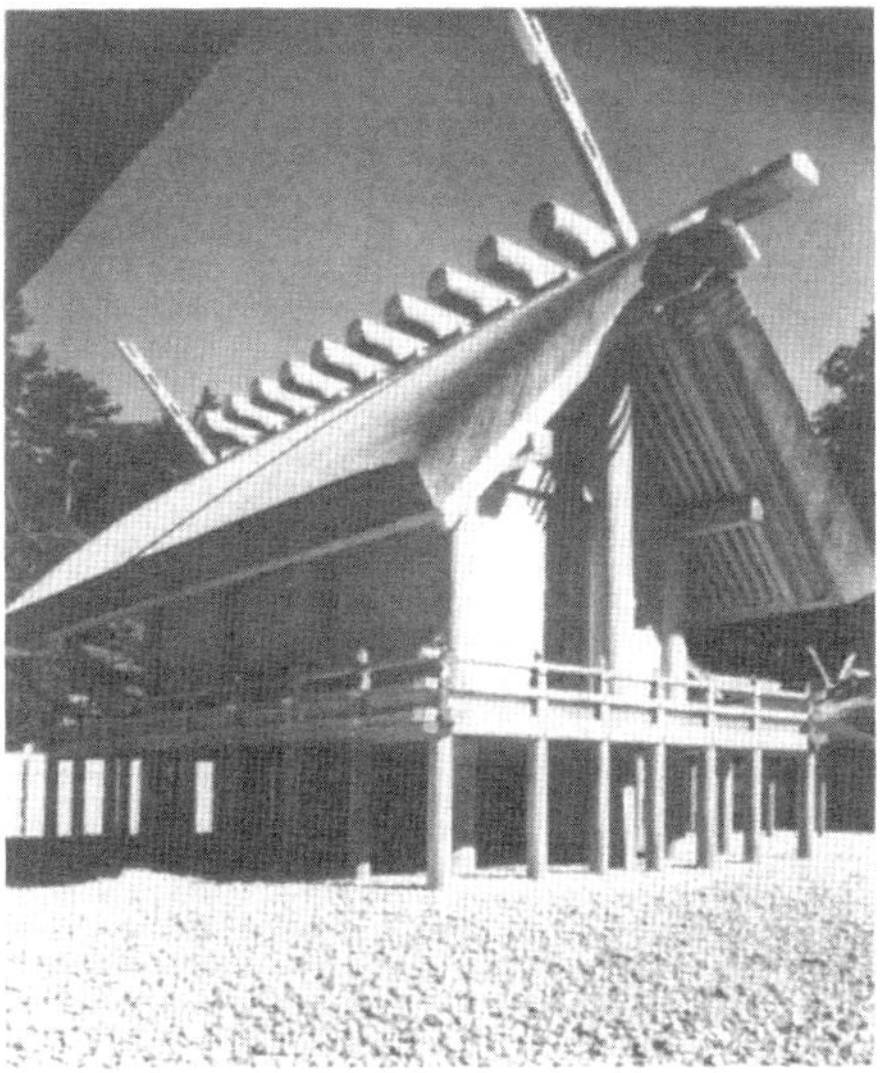

図1　伊勢神宮内宮正殿（伊勢市）

こうして、単なる一地方神だったアマテラスは、国家の政治シンボルとして機能するようになった。

ところで、政治シンボルの権威やあり方は、それを掲げる体制の変化と密接に関わらざるを得ない。この点は、アマテラスの場合も例外ではない。

アマテラスの変容

まず、平安時代以降、律令国家制度が弛緩《しかん》するにしたがって、神祇官主導の祭祀システムは形骸化の道を辿った。それに伴い、アマテラスから単独で政治シンボルとしての機能を満たすほどの権威が失われていった。こうした状況に対応すべく、朝廷では、儒教に基づく礼法や、真言・天台密教の呪術的修法・教学が国家イデオロギーの強化・正当化のために援用されるようになった。

九世紀頃には、朝廷に重用された密教僧たちが、天皇・朝廷のために神仏習合《しんぶつしゅうごう》の修法を行うみずからの立場を正当化するため、土着の神々は本地としての仏や菩薩がこの国に仮に現れた（垂迹した）存在であるとする「本地垂迹説《ほんちすいじゃくせつ》」に立つ両部神道《りょうぶしんとう》（真言系）や山王神道《さんのうしんとう》（天台系）を唱えるようになった。また、このような神道説は、仏教ともども、律令制度の弛緩に秩序崩壊の危機意識を募らせる天皇や貴族から積極的な支持を得た。

アマテラスもまた、こうした仏教系の神道説の強い影響を受けて、密教において宇宙の化身とされる大日如来の垂迹神と見なされるようになった。鎌倉時代には、天皇の即位儀礼にまで密教の神道説に基づく即位灌頂《そくいかんじょう》が取り入れられるようになった。即位灌頂では、高御座《たかみくら》に登壇した新天皇に摂政が秘密の印明《いんみょう》（手に印を結び、呪文を唱える）を授け、大日如来（アマテラス）との一体化を促し、全宇宙にあまねく光明をもたらす大日の神威を天皇に付与することが目された。なお、この儀式は、明治天皇即位式の際に神武天皇への復古を名目に排除されるまで一貫して執り行われた。

こうしてアマテラスは、古代から中世にかけて起こった律令制度の弛緩という危機に際して、人工的な政治シンボルであるよりは、豊かな教義や神秘的想像力に支えられた宗教シンボルとしての性質が強くなっていった。

同時に、このような変化は、地方では別の展開を見せた。神祇官の祭祀システムの形骸化によって、アマテラスを祀る伊勢神宮は国家の強力な後ろ盾を失い、独自の布教活動をしなければならなくなった。仏教系の神道説の登場は、こうした活動に理論的裏付けを与えた。

伊勢では、トヨウケ神を祀る外宮《げくう》が、アマテラスを祀る内宮《ないくう》に対抗して、伊勢の内宮外宮を胎蔵界《たいぞうかい》と金剛界《こんごうかい》の大日如来の化現とし両宮を平等に位置付ける両部神道をベースに、トヨウケ神を神話の原初の神であるアメノミナカヌシ（クニトコタチ）として読み替え、内宮に対する外宮の優越を主張する独自の伊勢神道を創出した。また、伊勢神道の理論的後ろ盾によって、内宮に成り代わり布教活動をリードし、関東にまで信者層を拡大させた。

その結果、古代には天皇しか伊勢参拝が認められなかったため、平安時代になっても知名度がそれほど高い神でなかったアマテラスは、鎌倉中期以降には、「日本国主アマテラス」として全国の起請文《きしょうもん》に記されるようにまでなった。伊勢にも多くの一般参詣者が訪れるようになった。

この状況は、一方でアマテラス信仰の全国的普及を意味する。しかし他方で、古代以来続いてきた、天皇と朝廷がアマテラスを政治シンボルとして独占的に運用する状況が崩壊したことを意味してもいた。

すると、アマテラスの権威も、もはや絶対的なものではなくなる。伊勢神道は、トヨウケ神をアマテラスよりも優越した位置に据えた。天台系の山王神道でも、最大の宗門である比叡山の権力を背景に、山王神こそがアマテラスを超える日本第一の存在であるという主張がなされた。鎌倉中期に成立した『耀天記《ようてんき》』では、山王神が法華の教主である釈迦如来の垂迹であるという説が述べられ、『日吉山王利生記』では、「アマテラスがもはや神慮がかなわない時代になってしまったとして天界に帰ってしまい、その代わりに、山王神がこの世界を護持することになった」という説が唱えられるに至った。

東照大権現とアマテラス

江戸幕府は、東照大権現《とうしょうだいごんげん》（徳川家康）を政治シンボルとして創出したが、その際、このシンボルの運用を司る神学理論として、天台系の山王神道を採用した。

その採用理由は、山王神道に天皇や朝廷以上の絶対的権威を弁証し得る可能性を見出したからだろう。とはいえ、山王神道や伊勢神道、その流れを汲む吉田神道などは、天皇統治の正当化を共通の目的としているだけでなく、記紀神話の再解釈がベースになっているため、全く別種のオリジナル神話を創出したり、アマテラスの権威をないがしろにしたりするようなことにはならなかった。

したがって、幕府が作り出した東照宮の神話や儀式の中にも、アマテラスは登場する。例えば、徳川家康の三三回忌に用いられた『東照宮大権現講式』には、次のような記述が見られる（現代語訳と要約は、曽根原理『神君家康の誕生』を参照）。

東照大権現が日光に鎮座する様子は、高天原《たかまがはら》に皇祖神アマテラスが鎮座したことに相当する。今、三代将軍家光公が江戸城に君臨しているのは、皇孫のニニギノミコトが下界に降臨するようなものである。言い換えるならば、東照大権現家康公が天下を孫の家光公に譲ったのは、アマテラスが日本をニニギノミコトに委任した故事と全く一致するといえよう。

ここには、東照大権現とアマテラスとの一体化が意図されている。幕府によって新たに創出された東照大権現に、最初から政治シンボルとしての権威があるわけではない。そこで、すでに広く政治シンボルとして認知されていたアマテラスの権威と「天孫降臨」神話が流用されたのである。

もっとも、大権現の権威は、アマテラスだけに依存していたわけでない。幕府は、巨費（五六万八〇〇〇両）を投じて日光東照社（一六五四〈承応三〉年に東照宮に改称）を造営し、大権現に華々しい光背を与えた。また、幕府の肝煎りで全国には数多くの東照社が勧請《かんじょう》された。東照社が人々の信仰を集めるにつれて、大権現の政治シンボルとしての権威も次第に実体化していったといえる。

ちなみに、幕府は、家光の時代には、確固たる地位継承システムをまだ確立できておらず、将軍の交代ごとに熾烈な継承争いが起こっていた。東照大権現にまつわる神話や儀礼は、家光の代に集中的に整備されたが、その理由はこうした状況に対処し、統治（権）の正当性を強化するためだった。

さらに、天台僧の天海《てんかい》が編纂した『東照社縁起』は、日本の統治権の正当性根拠を、従来のようにアマテラスがニニギノミコトに下した「神勅」に求めるのではなく、アマテラスが天台宗の開祖、最澄《さいちょう》から受け継いだという「治国利民法」に求めた。そして、東照大権現の存在を、すべての神を統合する唯一の存在で一元的に世界を支え運営する原理という山王神と同体とした。山王神は、天台の守護神で最澄の奉ずる神である。つまり、この記述には、東照大権現＝山王神→最澄→アマテラスという序列の提示を通して、大権現にアマテラスを超越する権威を付与する操作があったと読める。

もっとも、この縁起では、東照大権現が天皇から正一位を授けられたことを誇る記述や、家康の役割を万機の政治を助け天皇を後見することとする記述が見られ、天皇や朝廷が大権現や将軍・幕府の上位者としても位置付けられている（曽根原理『徳川家康神格化への道』）。

このあたりの論じ分けには、江戸幕府が、朝廷に成り代わって政治的秩序を担う実質的統治者であるという自負を持ちながら、これまで長らく統治の正当性を支えてきたアマテラスや天皇・朝廷を廃し得なかった事情が関わっていよう。とはいえ、将軍や幕府は、山王神道を通してアマテラスの権威を流用することで、形式的には天皇・朝廷に従属しながら、実質的にはそれらを超克する位置にあるみずからの立場を正当化することができたのである。

幕藩体制のゆらぎとアマテラスの再浮上

こうしてアマテラスは、幕藩体制下において、政治シンボルとしての東照大権現の権威を支える従属的位置に置かれ続けたが、幕藩体制がゆらぎだす一八世紀末以降になると、単独の政治シンボルとして用いられることが多くなってゆく。

その端的な現われが、本居宣長《もとおりのりなが》・平田篤胤《ひらたあつたね》に代表される復古神道や、藤田幽谷《ふじたゆうこく》・会沢正志斎《あいざわせいしさい》に代表される（後期）水戸学の勃興である。維新政府に協力した国学者たちが、アマテラスを機軸として国家イデオロギーを紡ぎ出す際に、まず念頭に置いたのがこれらの議論だった。

例えば、本居宣長は、『玉くしげ』（一七八七〈天明七〉年）の中で、アマテラスを政治シンボルとして用い、天皇の統治権の正当性を主張した。

本朝の皇統は、すなはち此ノ世を照しまします、天照大御神の御末《おすえ》にましまして、かの天壌無窮《てんじょうむきゅう》の神勅の如く、万々歳の末の代までも、動かせたまふことなく、天地のあらんかぎり伝はらせ給ふ。

ちなみに、「天壌無窮の神勅」とは、天孫降臨の際に、アマテラスがニニギノミコトにこの国の統治権を保証した「神勅」のことを指す。これを読むと、先に挙げた「奥羽人民告諭」における天皇統治の正当化論理がこれとほぼ等しいことがわかるだろう。

もっとも、宣長がこの本を執筆した目的は、明治初期の人民告諭とは違い、幕府中心の統治から天皇中心の統治への移行を促したり、その移行を正当化したりするためではない。あくまでも、これは、天明の飢饉に伴う険悪な社会状況に幕府がいかに対処すべきかを論じたものだった。

だから、『玉くしげ』の主張もまた、この問題設定に応じたものでしかない。彼によれば、本来、この世はアマテラスの意志である「まことの道」によって正しく治められるはずである。しかし、幕府に重用された儒学者が「小智」を振るって、神の摂理を否定し、君主に逆らって国を簒奪した悪人までも聖人とするような教えを掲げるために、秩序が乱れてしまう。だから、世の乱れを正すためには、アマテラスの道理に叶った「今の世の上の御掟」、つまり将軍の命令に従うようにしなくてはならないという。

つまり、彼がアマテラスを政治シンボルとして用いたのは、ゆるぎない統治権の根源とされる「神勅」を軸として、アマテラスから天皇、天皇から将軍へと委任されてゆく統治権の正しき流れを再確認するためだった。そして、この確認を元に、今の将軍による統治こそが正しく理想的であることを強く訴えようとした。維新政府は、こうした論理を流用し、みずからの目的に合わせ主張を反転させて用いたわけである。

ちなみに、本居宣長の学派とともに、明治初期の神道国教化政策に強い影響を与えた平田篤胤の学説は、本居派とは力点が異なっていた。例えば、本居派がアマテラスを主神として掲げるのに対し、平田派はアメノミナカヌシやオオクニヌシを掲げた。こうした国学各派の主張の差異が、明治初期には、政府内部に激しい教義論争を引き起こす火種となる。

水戸学のアマテラス祭祀

水戸学は、水戸藩主徳川光圀《とくがわみつくに》の『大日本史』編纂に始まる学派だが、幕藩体制がゆらぎだす一八世紀後半以降、儒教道徳を通した記紀神話の再解釈によって、既成体制の再編や補強を立案する政治神学へとシフトした。

水戸学中興の祖とされる藤田幽谷は、老中松平定信《まつだいらさだのぶ》の依頼を受け、『正名論』（一七九一〈寛政三〉年）を執筆し、「アマテラスが国を開いて以来、日本は代々の天皇が秩序正しく治めてきたのであり、天皇の下に君臣・上下の名分を正しくせねばならない」と主張した。儒教色が濃い点こそ異なるものの、『玉くしげ』と大差ない主張といえる。

定信は、他にも儒者中井竹山《なかいちくざん》に『草茅危言《そうぼうきげん》』（一七八七〈天明七〉年）を執筆させているが、いずれも目的は「大政委任論」の理論化にあった（藤田覚『幕末の天皇』）。つまり、将軍の統治権（大政）を、アマテラスの子孫である天皇に委任されたものとし、その正当性を補強する議論である。幕末において再浮上したアマテラスは、まずは「大政委任論」の政治シンボルとして認知されるようになった。

幽谷の跡を継いで水戸学を主導したのが、会沢正志斎である。彼は、一八世紀末以来繰り返された外国船の襲来に対して強い危機意識を抱き、その対処法を主著『新論』（一八二五〈文政八〉年）にまとめた。

『新論』は、「謹んで按《あん》ずるに、神州（日本）は太陽の出づる所、元気の始まる所にして、天日之嗣《てんじつのし》（天皇）、世宸極《よよしんきょく》を御《ぎょ》し、終古易《かわ》らず。固《もと》より大地の元首にして、万国の綱紀なり」と仰々しく書き起こされた。つまり、彼は、太陽神であるアマテラスを暗に政治シンボルとして用い、「この国は神国であり、天皇の統治権は代々磐石であり、この国の統治は全世界にとっての理想である」と主張したのである。もちろん、幕藩体制はまさに崩壊の危機に瀕していたわけで、一見、彼の主張は現実からかけ離れた妄想めいたもののように思われるが、その実、彼の目するところは、危機に瀕した現実の体制に危機とは無縁の理想的体制のイメージを上書きすることにあった。

なお、彼は、外国による武力侵略よりも、キリスト教を介した思想的侵略を、その蔓延によって生じるであろう政治シンボルとしてのアマテラスの権威の凋落を恐れた。彼は、「この『妖教』は、基本的には邪《よこしま》で浅はかなので論ずるに足らないが、教義が簡単であり、巧みな言い回しで『愚民』たちはすぐ誑《たぶら》かされてしまう。これは、欧米人の侵略の常套手段なのである」という。こうしたキリスト教恐怖は、同じくアマテラスを政治シンボルとして掲げることになる維新政府にも受け継がれた。

こうした侵略にどう対処すべきか。会沢の答えは、大嘗祭《だいじょうさい》を中心とした祭祀を政治の中心に置くというものだった。『新論』によれば、天皇は、大嘗祭を通して皇祖神アマテラスを祀ることで祖先への孝行を尽くし、アマテラスと一体になって理想の政治を行うことができる。臣下はそれを模倣して、天皇に仕えていた祖先と一体になって天皇への忠誠を尽くすことができる。このようにアマテラスを根幹とすることで、あらゆる民衆はただひたすらにアマテラスを崇敬するとともに、等しく天皇に奉公するようになり、民衆の心に「妖教」が入り込むことのない状態が作り出されるという。

現代のわたしたちの目には、これはいかにも荒唐無稽の議論のように思われるが、アマテラスへの祭祀を通して、民衆の間に天皇統治の正当性（国家イデオロギー）を周知させ、天皇の下に民衆を統合するというプランは、維新政府の神道国教化政策の基本方針となった（尾藤正英「水戸学の特質」）。

こうしたプランは、近代化政策に伴って政治の世俗化（非宗教化）が図られた一八七〇年代半ばには一時的に放棄されたものの、二〇世紀に入る頃には復活し、敗戦に至るまで常に国民統合政策の根幹に位置し続けた。

革命の正当化——政治シンボルとしてのアマテラスの流用

ところで、政治シンボルとして再浮上したアマテラスは、ゆらぎ始めた幕藩体制を再編・補強しようとする統治者層にとって、「大政委任論」の理論化や民衆統合政策の根幹を担う頼もしい存在でありながら、危ういバランスの上に立つ諸刃の剣でもあった。

諸刃の剣としてのアマテラス

というのも、アマテラスをあからさまに政治シンボルとして運用することは、現実に統治を担う将軍や幕府を超越する権威の存在を認めることにも繋がったからである。こうした権威は、既成の体制の正当性を強力に補強する一方で、それを相対化したり、それに止まらない新たな理想的体制をイメージさせたり、そうした体制をもたらすと主張する革命勢力に正当性を与えたりしかねない。

加えて、幕末の伊勢信仰に生じた「おかげまいり」の流行は、既成の政治体制から自立した宗教シンボルとして普及していたアマテラスが、既成体制の支配下から脱する行為を正当化する政治シンボルに転用され得ることを、被治者である民衆の間に広く経験させることになった。

おかげまいりとは、集団的な伊勢参宮運動である。戦国時代末期に始まり、江戸時代に入ると、一六五〇（慶安三）年・一七〇五（宝永二）年・一七一八（享保三）年・一七二三（享保八）年・一七七一（明和八）年・一八三〇（天保元）年・一八六七（慶応三）年と頻繁に流行した。特に大規模なものは、一七〇五年・一七七一年・一八三〇年のもので、ほぼ六〇年周期で起こった。一八三〇年の流行の際には、民衆の間でこの周期が意識されており、実際に起こる数年前からおかげまいり流行の噂が流布された（藤谷俊雄『「おかげまいり」と「ええじゃないか」』）。

おかげまいりを特徴付けるものは、アマテラスのお札（伊勢神宮大麻《たいま》）が天から降るという「お札降り」の奇蹟だった。なお、これは飛神明《とびしんめい》の信仰に由来するもので、アマテラスがお札の形を借り、人々のところへ直接やって来た証と解釈された（田村善次郎「伊勢参宮」）。

　また、おかげまいりは、別名「抜けまいり」と称された。『元禄宝永珍話』は、これを「貧富を論ぜず、抜参《ぬけまい》りを致す」、「妻子従僕其主《あるじ》にいとまを乞わず、家を出て参詣」などと説明している。これに参加した層はきわめて多様だったが、残された記録からは、子どもや女性・下男下女などが、村役人や主人・親などの制止を振り切って参加したことがわかっている（安丸良夫「『おかげ参り』と『ええじゃないか』」）。要するに、参加者の間で、幕藩体制を始めとする既成権威の支配から「抜け」出す行為として受け止められていた（藤谷俊雄「国家神道の成立」）。アマテラスはこうした逸脱行為を正当化し得たのである。

　とはいえ、おかげまいりは、幕藩体制を打倒する「世直し」の政治運動に自動的に結び付くことはなく、多くの場合、日常の不満をガス抜きする一時的な気晴らしに止まった。ただ、一八三〇年のおかげまいりの後には、こうした状況を意図的に「世直し」運動に結び付ける動きが登場した。そのもっとも端的な例が、大塩平八郎の乱である。

大塩平八郎の乱と「世直し」のアマテラス

大塩平八郎《おおしおへいはちろう》は、一八三七（天保八）年二月、天保の飢饉に際して私欲を貪《むさぼ》る幕府役人や商人を討つために大坂で蜂起した。そこで、彼はおかげまいりのアマテラスを「世直し」運動に結び付け、革命を正当化する政治シンボルとして流用したのである。

大塩は蜂起に際して、みずからの行動の正当性を人々に訴える「檄文」をしたためている。「檄文」は、現在の「地獄」のような状況は、足利幕府以来の武家政治が天皇を隠居に追い込んだために、民衆が日々の怨みを訴える場がなくなり、その行き場のない怨みが天に通じ、飢饉や地震・火事・洪水を引き起こすに至った、だから、この「地獄」を「極楽」に転ずるには、尭《ぎょう》や舜《しゅん》（ともに中国の聖人）、アマテラスの時代に戻ることは無理にせよ、神武天皇の時代の政治を回復しなければならないのだと訴えた。

要するに、彼は尭・舜・アマテラス・神武天皇を政治シンボルとして用い、彼の目指す理想の統治に具体的イメージと正当性根拠を与え、この蜂起に対する人々の幅広い支持を取り込もうと考えたのである。

なお、彼の主張は、結果的に、維新政府の「王政復古」のレトリックを先取りしていた。先に挙げた復古神道や水戸学では、大政委任論を大前提し、幕府の統治体制を補強する目的にしたがって、天皇に関わる政治シンボルを流用したが、彼はそれらとは異なり、天皇と幕府を分断し、幕府に成り代わる天皇中心の新しい統治のイメージを打ち出した。大塩の乱については、神武天皇を幕府の権威高揚のために利用しようと画策していた水戸の徳《とく》川斉昭《がわなりあき》が「大坂の奸賊容易ならざる企仕」と不快感を表明したことが知られている（藤田覚「大塩事件と朝廷・幕府」）。みずからの正当性を支える政治シンボルが奪われる事態に強い危機感を抱いたのである。

さらに、大塩は、民衆の間に広がるおかげまいりの記憶を利用して、アマテラスを特に民衆向けの政治シンボルとして使用した。

例えば、彼は蜂起の際に「救民」のスローガンを書きつけた旗幟《はたのぼり》とともに、アマテラスの神名を刻んだ旗幟を掲げた（宮城公子『大塩平八郎』）。加えて、檄文を包んだ黄色い絹には「天より下され候」と書き、その一部にアマテラスのお札を貼り付け、あるいはお札の絵を描きつけた（「浮世の有さま」）。

つまり、アマテラスの旗幟によってみずからの兵をアマテラスの神兵に見立て、アマテラスのお札によって檄文をアマテラスのお札降りに見立てることで、みずからの主張をアマテラスの神勅へと転化し、みずからの行動に宗教的正当性を付与し、おかげまいりに

「世直り」の願いを託した民衆の支持を取り込もうとしたわけである。

先に見たとおり、宗教的正当化を担う民衆向けの政治シンボルとして、特にアマテラスを用いるという手法は、やはり維新政府の採るところとなった。

鯰絵の中の「世直し」のアマテラス

大塩平八郎の乱は、わずか一日半で鎮圧されてしまったが、その余波は全国に広がった。そして、大塩の「世直し」のアマテラスも受け継がれていった。

例えば、大塩に呼応して六月に越後で蜂起した生田《いくた》万《よろず》は、みずからの「世直し」をアマテラスの神勅に基づくものと主張した。これに先立つ四月には、江戸の民衆が「火札」(世直しを目的とする放火の予告文)にアマテラスの神名を書きつけた(中瀬寿一・村上義光「大塩事件の全国各地運動と〝世直し〟闘争の暴発、民衆文化の創造へ」)。多少時代は下るが、一八五九(安政六)年に信州伊那郡で起こった一揆では、蜂起した農民が八幡神・春日神とともに、アマテラスの神名の刻まれた旗を掲げた(安丸良夫「民衆運動の思想」)。

つまり、「世直し」とアマテラスの結び付きは、一回性のものに終わらなかった。もっとも、あらゆる民衆が、これを「世直し」運動の正当化の手段として受け取り、幕府に反旗を翻《ひるがえ》したというわけではない。とはいえ、「世直し」のアマテラスに政治的意義が全くなかったというわけでもない。なぜならば、これは民衆の想像力の中に、幕藩体制以後の新しい秩序・統治の理想を望見させるヴィジョンを確実に刻み込んだからである。

事実、一八五五（安政二）年の安政大地震の際に江戸で出版された「鯰絵《なまずえ》」のいくつかには、そうしたヴィジョンを明確に見ることができる。

鯰絵とは、「地震は鯰によって起こされる」という俗信に基づいた判じ絵である。基本的には、鯰とそれを要石《かなめいし》で押さえ込む鹿島神とで構成されている。また、鯰絵には、地震による「世直り」のヴィジョンを描くものが少なくない。その理由は、ペリー来航に続いて起こったこの地震が、統治者層にとって秩序壊乱の「凶事」に他ならないものである一方、鯰絵の描き手であり受け手である民衆にとって自分たちに恩恵をさほど与えてくれない既成体制の転覆を予感させる「吉事」であり、「世直り」の可能性として期待されたからである（北原糸子『地震の社会史』）。

加えて、鯰絵のヴィジョンには、神々の姿を用いた、既成秩序のゆらぎと再編の物語という特徴が見られる。ここからは、当時の民衆が現実の秩序に対する理想的秩序をどのように思い描いていたのかを読み取ることができよう。

鯰絵のいくつかには、鯰・要石・鹿島神に加えて、アマテラスが描かれたことが知られているが（阿部安成「鯰絵のうえのアマテラス」）、そこには「世直り」願望と結び付いたイメージを見出すことができる。その中から三点ほど見てみよう。

作者不詳《上方震下り瓢磐鯰《ひょうばんなまず》の化物》（図2）は、上空の「天気秘」と書かれた机の前に座るアマテラスが、鹿島神に屋台姿の地震鯰を調伏するように指示するとともに、額の太陽から光線を発し、みずから鯰を抑える様を描く。

作者不詳《（天駆《あまが》ける八幡宮・太神宮・鹿島大明神）》（図3）は、太陽を背負ったアマテラスが左右に鹿島神・八幡神をしたがえて江戸に飛来し、伊勢の神馬の白毛を撒いて、その神通力で被災した民衆を救う様を描く。

作者不詳《大日本帝祖大御神霊険万民を助け給ふ之図》（図4）は、同じく太陽を背負ったアマテラスが、鹿島神を始め、神田大明神・氷川明神・八幡神・山王神といった江戸の神々を使役して、神馬の毛を撒かせている様を描く。ここでのアマテラスは、他の神々より大きく描かれ、かつ神々の上部に描かれていることから、最高神格として捉えられていることが明確にわかる。

もちろん、これらの鯰絵は、政治的プロパガンダなどではない。ただ、（アマテラスの命を受けた）鹿島神が秩序を乱す鯰を要石で抑えるという鯰絵の基本図式は、何かに似ては

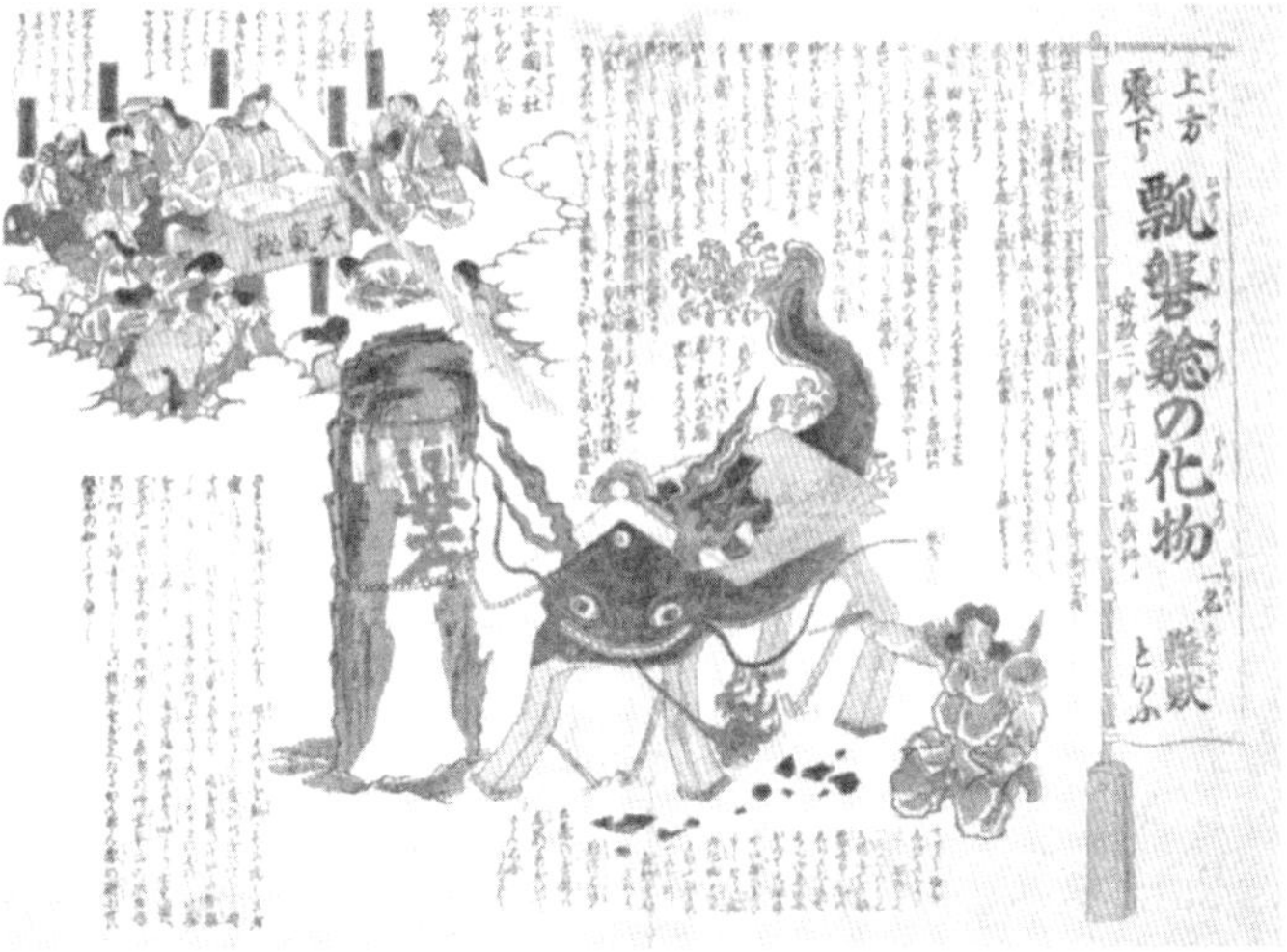

図２　作者不詳《上方震下り瓢磐鯰の化物》（埼玉県立歴史と民俗の博物館所蔵）

図４　作者不詳《大日本帝祖大御神霊険万民を助け給ふ之図》
（東京大学史料編纂所所蔵）

▶図３　作者不詳《（天駆ける八幡宮・太神宮・鹿島大明神）》（埼玉県立歴史と民俗の博物館所蔵）

いないだろうか。天皇・朝廷に政治的権限を譲り受けた将軍が秩序を壊乱する要素を幕府の武力・政治力で抑えるという大政委任論の構造とそっくりなのである。

これを踏まえ、鯰絵を大政委任論に基づく幕藩体制の秩序構造の判じ絵として解釈すると、先に挙げた三点の絵から驚くべきヴィジョンが浮かび上がってくる。つまり、皇祖神であるアマテラスが鹿島神らを使役して人々を救うだけでなく、それらを差し置いてみずから救済者になるヴィジョンとは、まさに大政委任論を切り裂いて、天皇がみずから統治に乗り出す新しい秩序を望見させていると解釈できはしないだろうか。ここに、「世直し」のアマテラスの影を見出すことは難しくない。

また、上空に飛来するアマテラスのヴィジョンは、おかげまいりのお札降りを思わせる。逆に言えば、鯰絵のアマテラスは、お札降りの奇蹟をヴィジュアル化し、図らずもおかげまいりに内在化されていた「世直り」願望のポテンシャルを浮き上がらせたとも捉えることができよう。

つまり、これらの例から、中世以来、既成体制から自立した宗教シンボルとして普及したアマテラスが、江戸時代のおかげまいりを契機に既成体制の支配の外側に逸脱することを正当化するシンボルとして認知され、この頃には、「世直し」に流用されたアマテラスを媒介に、漠然とした形ではあるが、幕藩体制を超える新しい秩序を想像させる政治シンボルとしてのイメージを民衆文化の中に結び始めたことがわかる。

異形のアマテラス

民衆文化の中の「世直し」のアマテラスのイメージは、記紀神話の中のそれとは必ずしも一致しない。太陽神というベースを共有しながら、異形《いぎょう》の相を取るものもしばしば見られた。こうしたアマテラスは、いっさいの既存権威に結び付かない別種の権威を作り出すことさえあった。

例えば、鯰絵の中には、「天道」と名付けられた異形のアマテラスが見られる。作者不詳《(要石を倒す人々)》(図5)に描かれたのは、頭が太陽で体が神官の異形の神である。そして、この絵では、鯰を抑えられなかった鹿島の宮司が民衆から糾弾され、役立たずの要石が倒される一方で、この異形の神が新たに信仰を集める様が描かれている。ここには、先に挙げた三点の鯰絵以上に明確な形で、「世直し」のアマテラスによって既成体制が倒されるヴィジョンを見出すことができるだろう。

もっとも、この異形の神に、新しい君主としての天皇の姿を重ね合わせることは難しい。民衆と同じく地に立ちみずからクワを持ち、身を持って「世渡り」の規範を示すこの神には君主としての威厳はない。皇祖神というよりは、身近な現世利益を支える庶民的流行神

図５　作者不詳《（要石を倒す人々）》（東京大学社会情報研究資料センター所蔵）

と見た方が自然であるようだ。

　こうした異形のアマテラスは、幕末の新興宗教である黒住《くろずみ》教《きょう》・天理《てんり》教《きょう》・金光《こんこう》教《きょう》にも見られる。これら三教は、農民たちを苦しめる封建的価値観や身分制度のくびきから、彼（女）らを解き放ち、新しい秩序があることを示した。平等社会を基礎とする新しい秩序こそが真に神の意にかなった秩序であると主張し、農民たちを強くひきつけた。こうした主張に宗教的正当性を付与したシンボルの最大公約数こそが、アマテラスだった（鹿野政直『資本主義形成期の秩序意識』）。

　例えば、黒住教の主神は、アマテラスだったが、それは天皇の地位を権威付ける神としてのみ捉えられてはいなかった。教祖黒住宗忠《くろずみむねただ》は、みずからの身にアマテラスが乗り移ったと主張したのである。天理教の主神は、仏教の転輪王が転じた天理王命《てんりおうのみこと》だが、その神格には、豊穣神として信仰を集めたアマテラスの取り込みが見られた。金光教の神は、陰陽道の祟《たた》り神である金神に始まり、生き神金光大神へと発展したが、その過程に五穀豊穣などをもたらすとする「日天四」（日天子）を経由している。ここにも、アマテラスの変形を見出すことができる。

ちなみに、これら三教の開教は、一八三〇（天保元）年のおかげまいり流行の影響を強く受けたものだった。天理教教祖の中山みきは、おかげまいりの人々が行き交う街道沿いに住んでいた。金光教の赤沢文治《あかざわぶんじ》は、おかげまいりに参加した後、伊勢のお札を村中に配布する役を請け負うようになった。黒住教の開教は一八一四（文化一一）年だが、教祖の六度の伊勢参宮はおかげまいりの前後に集中している。

以上駆け足で見てきた例からは、幕末の民衆の想像力が、統治者層の政治シンボルだったアマテラスを流用して民衆の神を作り出し、被治者でしかなかった民衆がみずから営む新たな理想的統治のあり方をイメージするところにまで及んでいたことが見て取れる。

つまり、幕藩体制のゆらぎによって、単独の政治シンボルとして再浮上したアマテラスは、統治を正当化する本来の目的を逸脱して、曖昧かつ多様な可能性に開かれるようになり、「世直し」の革命さえも正当化し得るものとして認知されていった。

こうした状況は、幕藩体制を打倒した維新政府がアマテラスを積極的に政治シンボルとして掲げる必然性を構築したと考えられる。この状況は、新しい統治を真の統治として民衆に承認させようとする際に、まずは好都合に働いただろうし、後述するように、政府には「世直し」のアマテラスの所在を意識してアマテラスを用いたふしがある。

ただし、天皇権威に決して結び付かない異形のアマテラスには、政治シンボルとしての効果を拡散させ、皇祖神としての権威を損ね、あるいは別の革命の正当化に流用されるリスクが残された。したがって、維新政府はアマテラスを自派の政治シンボルとして再編すると同時に、アマテラスを独占あるいは一元化しなければならなかった。

維新政府による政治シンボルの再編——アマテラスの流用と一元化

「世直し」のアマテラスの流用

ここで、先に挙げた「奥羽人民告諭」（一八六九〈明治二〉年二月）を振り返ってみよう。ここに記された、「天子様は、天照皇太神宮様の御子孫様にて、此世の始より日本の主にましまし」という文言は、皇祖神、あるいは天皇制の政治シンボルとしてのアマテラスしか知らない現代のわたしたちにとっては、ごく当たり前の表現に見えてしまう。

しかし、ここまでの議論を踏まえるとどうだろう。幕末以前の民衆にとってのアマテラスは、皇祖神に限定されたものではなかった。人民告諭の中のアマテラスは、民衆の誰もが無条件に前提する当たり前の表現などではなかったのである。つまり、人民告諭には、民衆文化の中で培われてきた「世直し」を正当化するアマテラスを積極的に流用し、あるいはそれに上書きする形で、アマテラスのイメージを、復古神道や水戸学の実践をベースとした統治の正当化を担う政治シンボルとしてのそれへと一元化する効果があったと考えられる。

維新当初に数種類出された人民告諭を発布順に見て行くと、その一元化のプロセスが、一八六七（慶応三）年一二月の王政復古のクーデターから一八六九（明治二）年五月の国内平定に至るまでの短い間に急速に進行したことがわかる。

まずは、もっとも初期の人民告諭である、長崎裁判所（西日本の行政を管轄する機関）が一八六八（慶応四）年二月に発布した「御諭書《おさとしがき》」から見てみよう。

此《この》日本と云ふ御国には、天照皇太神宮様から、御継ぎ遊ばされた所の天子さまと云《いう》が、ござつて、是がむかしからちつとも変たことの無い此日本国の御主人さまぢや。丁度天に御日さまが御座るに同じ事ぢや（『明治文化全集』第二五巻）。

この引用から明らかなように、ここでも、奥羽人民告諭と同じように、天皇の君主としての地位は、アマテラスによって宗教的に正当化されている。

なお、長崎では、幕末の開国以来、浦上のキリシタンの処遇が問題化していた。幕府は、信教の自由を求めるフランスとの友好関係を維持するために宥和政策を採らざるを得なかったが、維新政府が一八六八年二月に設置した長崎裁判所は、一転、厳しい禁教主義を展開し、キリスト教侵入を防ぐための「教法」確立を政府に提言するに至った。つまり、この御諭書の直接的目的は、キリスト教に対抗する教法を確立し、民心を統合することにあった（羽賀祥二『明治維新と宗教』）。

また、御諭書の公布と平行して、アマテラスを祀る皇太神宮を修復し、浦上村へ新たに皇太神宮を招致し、村民を氏子《うじこ》化するといった形で、アマテラス信仰の強制を軸とした民心統合政策が急速に展開された（同前）。

注目すべきは、奥羽人民告諭が、天皇による統治を自然の摂理であり既成事実であるかのように表現したのに対し、御諭書には、アマテラスの子孫である天皇が君主になることが、幕藩体制に対する「世直し」の革命であることを明示する文言が含まれていた点である。

御諭書では、今回の改革が、ワイロとエコヒイキが横行した幕藩体制の悪政を打倒し、善人を取り立て悪人を退ける善政の実現に結び付くとされた。ここには、新体制に対する民衆の支持を取り込むためであろう、民衆が抱いてきた「世直し」のアマテラスのイメージが取り込まれている。

さらに、天皇には、「世直し」の現世利益をもたらす流行神のイメージが与えられた。御諭書は、「世直し」をした天皇の恩義を忘れないように、天皇のいる京都に向かって祈ることを勧めるとともに、その行為が心の中の悪や無分別を消し去り、人々を善人へと導くとした。また、天皇に忠義すれば、褒美が出るとも付け加えた。

なお、「世直し」の強調は、この御諭書に限定されたものではない。一八六八（明治元）年一〇月に京都府下に出され、翌年二月三日付で全国に頒布された「京都府下人民告諭大意」でも、幕藩体制では天皇がないがしろにされ、ワイロが横行し、善人が罪に陥れられ、悪人が栄えてしまったため、天皇は見るに忍びなく王政復古に踏み切ったとあり、「世直し」の強調を見て取ることができる。

ただし、「世直し」の強調は、国内平定前後にはなくなってしまう。一八六九年二月二〇日付の「奥羽人民告諭」にも、同年一一月の「鶴舞県人民告諭」にも、政治シンボルとしてのアマテラスが用いられる一方、悪政から善政への「世直し」を強調する表現は見られない。

つまり、維新政府は、国内平定が未だならず旧幕府軍が健在だった時期には、革命を正当化する「世直し」のアマテラスを民心統合に積極的に利用し、国内平定が達成されるとともに、それを統治の正当化を担う政治シンボルとしてのアマテラスへと再編したわけである。

「世直し」する天皇像

「世直し」のアマテラスの流用は、人民告諭の頒布と平行して行われた天皇行幸にも垣間見ることができる。そこでは、人民告諭に描かれた「世直し」を実行する理想的君主としての天皇像が、行幸を通して実体化された。

なお、行幸のきっかけは、一八六八（慶応四）年一月の大久保利通《おおくぼとしみち》による大坂遷都の建白書である。ただ、大久保の狙いは、遷都そのものではなく、彼が「因循の腐臭」と呼んだ、みずからの権威を守るために天皇を「私《わたくし》」し、政府首脳や民衆から遠ざけようとする公卿たちの排除にあった。これによって、天皇を政府首脳の手に独占し、天皇を頂点とする国家秩序を行幸の場に可視化することが主な目的だった。

明治初期の行幸の中でももっとも大規模なものが、一八六八年九月から一〇月にかけて行われた京都から東京（七月に江戸から改称）への行幸、いわゆる「東幸」である。ここには、「世直し」のパフォーマンスとしての行幸の特質がもっとも明確に現われている。

天皇の理想像を演出するために用いられたのは、儒教道徳であり、わかりやすい現世利益の強調だった。東幸では、新しい統治者が徳の高い善帝であり、新しい政治体制が善政をなす体制だということを示すために、儒教道徳にしたがって、その道すがら、高齢者や孝行息子、夫に忠節を尽くす妻、忠義深い家来、公益事業の功労者など善行をなす人々が選定され、褒賞が与えられた。

また、金品を配り、病気・災害で苦しむ人々にも、具体的な施しを与えることで、現世利益をもたらした。これらの対象者は一万人を超え、そのために費やされた資金は一万両を超えた。ちなみに、資金は京都・大坂の豪商から調達された（佐々木克「東京『奠都』の政治過程」）。

天皇と民衆の親しい交わりも演出された。例えば、熱田《あつた》では、岩倉具視《いわくらともみ》の手配で農民が天皇に収穫した稲を献上し、天皇がこれに応えて農民に菓子を与えた。大磯海岸では、天皇が漁夫の地引網を見物し、漁夫が海水を湛《たた》えたタライを天皇の御座所の直近まで届け、天皇はこれをいたく喜んだ（『明治文化全集』第一七巻）。

こうしたパフォーマンスを行う天皇の姿は、阿部安成が指摘するように、とりわけ東京の民衆に対して、かつて鯰絵《なまずえ》に幻視したアマテラスが抜け出て生身の天皇に重なったかのようなインパクトを与えたと思われる（「鯰絵のうえのアマテラス」）。

とはいえ、民衆が東幸を実際どう受容したのかを正確に理解することは史料的に難しい。また、階層によって、受容のあり方は異なっていただろう。それでも、東京で当時版行された錦絵の数々からは、少なくとも、民衆文化の想像力の中で、東幸がどう解釈され、受容されたのかをうかがい知ることができる。

不安定な受容

当時の錦絵には、東幸をめでたい出来事として捉えたものが多々見られる。一曜斎国輝《東京江戸品川高輪風景》（図6）は、神々が天皇の行列を見守る様子や海上に昇る朝日が描かれており、東幸が神に祝福された行為であることが明示されている。また、同じ国輝の《東京十二景六郷渡し》は、行列の上空に瑞鳥である鶴を配し、これが瑞事であることを強調した。

アマテラスが登場する作例もある。一魁斎芳年《いっかいさいよしとし》《明治天皇御東幸千代田城御入城之図》（図7）などいくつかの錦絵には、天皇の行列の中にアマテラスの神名を記した幟《のぼり》が見える。このような幟は、一八六八年三月の大坂行幸を描いた長谷川小信《このぶ》《仁徳天皇難波都御所江御行幸之図》（図8）にもすでに見られた。人民告諭に示された政治シンボルとしてのアマテラスが積極的に受容されていたことがわかる。

蓉斎年景《天拝市中御祭礼図》・広重《東京幸橋御門内の図》（図9）は、政府が東京入

図７　一魁斎芳年《明治天皇御東幸千代田城御入城之図》（東京大学史料編纂所所蔵）

図6　一曜斎国輝《東京江戸品川高輪風景》
（東京都江戸東京博物館所蔵）

図９　広重《東京幸橋御門内の図》
（マスプロ美術館所蔵）

図８　長谷川小信《仁徳天皇難波都御所江御行幸之図》（東京大学史料編纂所所蔵）

城を祝って一一月四日に実施した、東京市民（惣代・地主・家主）に対する振る舞い酒を主題にしている。同時代史料によれば、このイベントによって東京は「神事」さながらの活況となった。受領した酒樽を積んだ車は、さまざまな作り物を指した幟によって先導され、車の周りではお囃子《はやし》が奏でられ、さらに道中の男女が加わり、長い祭列となった。通りには、山車《だし》が繰り出し、三日から四日は昼夜を問わないお祭り騒ぎが続いたという（『定本武江年表』下巻）。

これらの錦絵には、いずれも日輪の中に三本足の烏（ヤタガラス）の模様のある幟が描かれている。これは、『延喜式』などにも見られる古代以来の太陽信仰の宗教シンボルである。さらに、後者の広重の錦絵には、酒樽に「世直し」の文言が見られる。つまり、東幸してきた天皇が「世直し」のアマテラスと明確に重ね合わせられているのである。

ただ、政府の思惑どおりに、民衆が天皇を「世直し」の救世主として錯覚し積極的に支持するに至ったかといえば、そうとは言い切れない。例えば、同じく振る舞い酒のイベントを描いた、広しげ《ありがたき御代万代を寿て御酒下されを祝ふ万民》（図10）を見てみよう。ここには、太陽を背負った童形神を拝む民衆の姿が描かれている。ここに、アマテラスと一体化した理想的天皇像に対する民衆の支持を見て取ることは難しくない。ただ、

図10　広しげ《ありがたき御代万代を寿て御酒下されを祝ふ万民》
（浅井コレクション所蔵）

注意すべきは、酒をもらって神の有難みを噛みしめる民衆が、各自別々の方向を向いて思い思いの願いごとをしている点である。

同じような光景は、同じような神的天皇を上空に君臨する聖徳太子になぞらえて描いた、房種《聖徳皇太子尊江諸職人立願之図》にも見られる。民衆は、神としての天皇に祈りを捧げている。しかしながら、画中に書き込まれたそれぞれの祈りの内容を読んでみると、いずれも個人的な祈願でしかなく、君主に対する永遠の帰順の誓いとは程遠いことがわかる。おのれの願いを叶え、つかの間の現世利益を与える流行神への一時的感謝でしかないのだ。

これらの作例が示すように、民衆は、天皇を「世直し」のアマテラスに重ね合わせて受容する傾向にあった。しかし、こうした傾向は、民衆がおしなべて無条件に天皇の君主としての地位を承認する形に繋がるというわけではなかったようだ。なぜならば、政府が念頭に置く政治シンボルとしてのアマテラスと、宗教シンボルとしてのアマテラスを通して民衆が培ってきたアマテラスのイメージには大きな解釈のズレがあったからである。

だからこそ、政府は、アマテラスを政治シンボルとして有効に機能させるために、その解釈を独占し、その解釈から逸脱するあらゆる異形のアマテラスを検閲せねばならなかった。

アマテラスの独占と検閲

アマテラスの独占と検閲は、東幸の頃にはすでに始まっている。標的とされたのは、中世以来、宗教シンボルとしてのアマテラスの拡張と多様化・普及に寄与してきた神仏習《しんぶつしゅう》合説《ごうせつ》・本地垂迹説《ほんちすいじゃくせつ》である。

政府は、一八六八（慶応四）年三月一三日、「神武創業」に基づく「祭政一致」の方針にしたがって、古代の神祇官の復興を宣言し、神道国教化による民心統合政策をスタートさせた。その直後、一七日には「王政復古」「旧弊御一洗」の名目で、仏教僧が神社に仕える「社僧」の慣習の廃止命令を出し、二八日には仏像を神社の神体にすることを禁じ、神仏分離を命じた。

神仏分離の目的は、まず江戸幕府の宗教支配を担う立場にあった仏教勢力に打撃を与え、仏教に従属させられていた神道勢力に国家イデオロギーを新たに担うに足る権力を付与することにあった。日吉《ひえ》山王社（江戸幕府の正当性を支えてきた山王神道《さんのうしんとう》の本山）では、神職や浪人などが仏像や経典を廃棄し神体と入れ替える事件が起こり、これを受けて全国各地で「廃仏毀釈《はいぶつきしゃく》」の実力行使が次々と展開された。政府は、期待した以上の反響に当惑し、神職の狼藉を戒める布告を出さなくてはならなくなったが、仏教勢力への打撃は著しく、政府の当初の目的はおおむね達成された。

また、神仏分離には、中世以来の神仏習合説によって多様化した、アマテラスを始めとする神々の解釈を検閲し一元化することも意図されていた。中でも、日蓮宗や吉田神道で信仰されていた法華三十番神説は、名指しで禁止された。この説がアマテラスを法華経の守護神へと貶《おとし》め、その権威の絶対性を損《そこ》ねるものだったためである（村上重良『天皇制国家と宗教』）。

なお、幕末に起こった新興宗教も、再興された神祇官の統制下に置かれた。一八七〇年に定められた「宣教使心得書」では、まじないや祈禱の類がことごとく禁止され、それを活動の中核としていた新興宗教は、強い制限をこうむった。

黒住教《くろずみきょう》は、いち早く天皇崇拝を教義に取り入れることで教団を順調に拡大させたが、天理教《てんりきょう》では、教祖が度重なる取調べを受け、主神の否定と政府への協力を強制された。金光教《こんこうきょう》でも、教祖が神官として無資格であることを理由に神殿の撤去が命じられた。天理教と金光教は、公認教団としての地位を確立するために、元の「世直し」的教義を改変し、忠君愛国のイデオロギーを解く新教義の整備を余儀なくされた。それでも、一教団としての独立が認められるまでには三〇年ほどの年月を要した。

宗教と非宗教の狭間に

政治シンボルの馴致

神道国教化政策の展開——政治シンボルのリスク

曖昧化された政治シンボル

近代天皇制の国家イデオロギーは、一八八九（明治二二）年二月一一日に発布された大日本帝国憲法によって定式化された。そして、その定式は、基本的には敗戦を経た一九四六（昭和二一）年の憲法改正に至るまで変わることはなかった。

ところで、どんな形態の体制であっても、「シンボル」を必要としない体制はなく、「シンボルなくして統治は不可能である」という本書の観点からすると、この憲法本文で展開されたレトリックには決定的に何かが足らないように見えてしまう。

帝国憲法の本文は、「大日本帝国は万世一系の天皇之《これ》を統治す」（第一条）、「天皇は神聖にして侵《おか》すべからず」（第三条）、「天皇は国の元首にして統治権を総攬《そうらん》し此の憲法の条規に依り之を行ふ」（第四条）として、天皇のこの国の君主としての地位、神聖不可侵性、天皇による法治を基本的原則として定めている。しかしその一方で、ここには、こうした原則の正当性に根拠を与える政治シンボルとしてのアマテラスや神武天皇の名が記されていないのである。

もちろん、この時点で政府が政治シンボルを必要としなくなったわけではない。試みに、憲法発布の際に天皇が皇祖皇宗に捧げた告文《こうもん》や憲法に付された上諭（前文）を挙げておこう。なお、告文は原文が難解なので、冒頭部分を抜粋し大意を現代語で概略しておく。

わたし（天皇）は、謹んで皇祖皇宗の神霊に申し上げる。天壌無窮の宏謨《こうぼ》（アマテラスの計らい）にしたがって、神ながらの皇統を保持してきたが、時代の変化・文化の発達にしたがって、皇祖皇宗の遺訓を明確にし、法を定め、各章を明示し…、ここに皇室典範および憲法を制定する（「告文」）。

…国家統治の大権は朕《ちん》（天皇）が之を祖宗に承けて之を子孫に伝ふる所なり。朕及朕が子孫は将来此の憲法の条章に循《したが》ひ之を行ふことを愆《あやま》らざるべし（「上諭」）。

以上の引用からわかるとおり、ここでは「皇祖皇宗」あるいは「祖宗」が、天皇統治の正当性根拠として提示されている。もっとも、これらは、アマテラスを始めとする天皇の祖先を総称する定型句であって、アマテラスや神武天皇に成り代わる新しい政治シンボルが持ち出されているわけではない。

また、紀元節（神武天皇即位日）に合わせて発布されたことには、この憲法を神武天皇という政治シンボルによって正当化する意図があったと見ることができるだろう。

要するに、帝国憲法においては、統治を正当化する国家イデオロギーが紡がれながら、そのために不可欠な政治シンボルが本文では明文化されず、その付属文書や発布日に曖昧な形で示されているのである。それは、いったいなぜだろうか。

政治シンボルのリスク

前章で確認したとおり、クーデターによって成立した維新政府には、統治の正当性が決定的に欠けていた。だから、民衆の広範な支持を取り付けるために、民衆が支持する宗教シンボルだったアマテラスを政治シンボルとして採用した。そして、以下で述べるように、明治初期には、政治シンボルとしてのアマテラスを機軸として、天皇統治の正当性を弁証する国家イデオロギーを新たに作り出し、それを国教として普及させる政策（神道国教化政策）を行った。

明治初期における国教制定と明治中期における憲法制定には、いずれも近代天皇制の国家イデオロギーを確立し普及させるという共通目的がありながら、政治シンボルの運用の仕方には大きな違いがある。もっとも際立った違いは、宗教シンボルとしての性質の取り扱いにある。

この性質は、政治シンボルに強力な宗教的正当化の機能を付与する。アマテラスが先に採用されていた神武天皇に加えて、政治シンボルとして採用されたのも、この性質があったからこそである。神道国教化は、この性質を統治の正当化に最大限に生かすための政策だった。

一方、憲法には、宗教的性質は希薄である。憲法は、決して宗教的経典などではない。天皇の神聖不可侵をうたう条文も、天皇の神格化という以上に、あらゆる法律のくびきから超越した存在であることを示す法文上の定型句という性質が元来色濃い。憲法において、政治シンボルは、国教のシンボルとして前面に押し出されるのではなく、曖昧な形で後景に配され、天皇の統治権や国家イデオロギーの正当性の法的根拠として非宗教的な形式で提示されている。

要するに、国家イデオロギーの確立と普及を宗教的手法で行おうとした神道国教化政策が挫折し、最終的にそれを憲法によって行う方向へと政府方針が展開してゆくプロセスとは、政府がアマテラスという宗教シンボルを政治シンボルとして運用する経験を通して、そこに生じるリスクを発見し、それをさまざまな方法で抑制し、飼い馴らすに至るプロセスだったのではないか。

当然のことながら、どんな政治シンボルであっても、無条件に有効に機能するわけではない。それを機能させるためには、最低でも、政治シンボルとともに、その正しい（政府にとって都合のよい）解釈を普及させねばならない。国教や憲法には、そうした正しい解釈のためのガイドという存在意義もある。

ただし、近代国家において、宗教シンボルを政治シンボルとして有効に機能させるためには、さらに次の三つのリスクをクリアしなくてはならなかった。

第一は、教義論争のリスクである。どんなに強力な宗教シンボルでも教義が定まっていなければ、自由な解釈を許してしまい、うまく国家イデオロギーを紡ぎ出すことができない。だから解釈をコントロールする教義が必要になる。しかし、広く支持されている宗教シンボルにはすでに多様な解釈が存在しており、教義制定には必然的に論争が付きまとう。これを克服しなければ、政治シンボルを有効に機能させるための正統な解釈を作り出すことができない。

第二は、宗教衝突というリスクである。ある宗教シンボルを政治シンボルとして用いるということは、おのずと特定の宗教への国家的肩入れと、それ以外の宗教への弾圧に結び付く。すると、多くの宗教団体からの反発が当然生じる。このリスクを克服しなければ、どんなに明晰な教義を作ろうと、政治シンボルは統治を正当化するどころか、かえって、統治の混乱を引き起こすことになってしまう。

第三は、近代化との対立というリスクである。近代国家体制は等しく、政教分離と思想信教の自由、主体的国民の形成を基礎とし、政治の世俗化（非宗教化）を志向する。宗教シンボルをあからさまに政治シンボルとして用い、国教によって民心を統合しようとすることは、政教分離と思想信教の自由を阻害し、民衆を主体性のない国教の信者に閉じ込めてしまうことであり、近代国家体制のポリシーに真っ向から対立するのである。

祭政一致と神祇官復興

神道国教化政策は、一八六九（明治二）年閏《うるう》四月の神祇官再興から本格化するが、その開始地点は、王政復古のクーデターから間もない一八六八（慶応四）年三月一三日の「祭政一致」の宣言にまで遡ることができる。

この宣言に基づいて、古代天皇制の神祇官を再興し、江戸時代まで吉田家・白川家が掌握していた全国の神社・神職を、政府が一括管理する方針が定められた。

こうしたプランは、幕末の時点で岩倉具視《いわくらともみ》や大久保利通《おおくぼとしみち》らによって提起されていたが、具体的な政策にまで練り上げたのは、古代官制や神道理論に詳しい国学者たちだった。例えば、平田派に学んだ後、独自のアマテラス神学に転じた国学者、大国隆正《おおくにたかまさ》は、門人の福羽美静《ふくばびせい》が後に維新政府の有力メンバーとなる長州藩の尊攘派に繋がっていた関係で、幕末には故郷の津和野藩の政治改革のブレーンとなり、維新直後には福羽とともにイデオローグとして重用された。大国は、「神祇官大義」（一八六七〈慶応三〉年）を執筆し、『日本書紀』の神武天皇の故事を典拠に、天皇が最高祭主としてアマテラスを始めとする天神地祇を祀って祖先への「大孝」を臣下に示し、臣下にそれを模倣させることで君への忠誠心を高めさせるとする神祇官の基礎方針を提案した。なお、この提案には、先に挙げた会沢正志斎《あいざわせいしさい》の『新論』の影響が明らかに見られる。また、明治末期になって確立された家族国家観に基づく非宗教的なアマテラス崇拝の原型ともいえる。

平田派国学者の矢野玄道《やのはるみち》は、幕末の開国以後、危機に瀕した社会秩序の変革を訴える建白書を執筆し、薩摩・長州藩主や神祇伯の白川家などに提出していた。そして、政府が王政復古の沙汰書で身分階級にかかわらず広く意見を求めたのを受け、「献芹詹語《けんきんせんご》」を提出し登用された（芳賀登「幕末変革期における国学者の運動と論理」）。

こうして、神道国教化政策に基づく神祇官体制は、大国・福羽らに代表される大国派と矢野らに代表される平田派の国学者を実務担当としてスタートを切り、やがてアマテラスが国教の要《かなめ》として位置付けられるに至る。

ただ、そこまでの歩みでさえ決してスムーズには進まなかった。宗教シンボルを政治シンボルとして運用する際に生じる第一のリスク、教義論争の問題が立ちはだかったのである。

神祇官における大国派の覇権

一八六九（明治二）年七月八日、神道国教化政策の担当機関である神祇官が、行政を担当する太政官に代わって政府の最高機関に格上げされた。神祇官の実権を握ったのが、大国派の福羽美静（図11）と小野《おの》述信《のぶざね》である。両者は、安丸良夫によれば、「長州閥の一画をなす開明的な宗教官僚」だった（『神々の明治維新』）。

ところで、神祇官における多数派は、大国派ではなく、平田派だった。しかし、政府の方針は、国学にも漢学にも偏《かたよ》らず洋学を退けることのない「中正」な教義の確立にあった（藤井貞文「宣教使に於ける教義確立の問題」）。平田派の頑迷な原理主義的攘夷思想は、到底「中正」な教義には向いていなかった。例えば、一八六九年に東京に設置された大学校で

図11　福羽美静

は、平田派が孔子を排除したために、国学者と漢学者との間で抗争が生じた。したがって、平田派が神祇官の実権を握ることは、ついにかなわなかった。

しかも、平田派の理論は、既成体制の正当化と維持を目的とする政治神学よりもその体制を超越した神の摂理の実現を優先する宗教性に固執したため、政府内の開化派に反発する攘夷派や反政府勢力の理論的支柱となり、逆にそうした勢力が平田派の支持基盤となった。したがって、政府は平田派を利用する一方で、統治安定の障害としてもマークせざるを得なかった。

これに対して、大国派には、欧米の制度や文化を積極的に取り入れる進取的気風と同時に、目的達成のためには原理主義に囚われず多様な手段を模索するという現実主義的な柔軟性が見られた。

特に福羽には、先に見たとおり、「神武創業」の名目で、仏教や陰陽道、中国の皇帝即位儀礼の要素を明治天皇即位式から排除する一方で、欧米文化に属する地球儀（ただし、幕末に水戸藩の徳川斉昭《とくがわなりあき》が孝明天皇に献上したもの）を新たに採用する進取性があった。

小野は、津和野藩でキリシタンの改宗教諭を担当し、その経験からキリスト教に対抗する国教普及の必要を政府に訴えていたが、長州藩出身の開化派参議、広沢真臣《ひろさわさねおみ》の後援を受けて、国教の教義確立と普及を担当する神祇官宣教使の実質的リーダーとして任用されるに至った。彼は、神祇官において、儒教やキリスト教の教義を取り込んだ新しい国教の教義を作り上げることになる。

なお、広沢が平田派に代表される政府内攘夷派の一掃を主張する立場にあったことを考えると、小野や福羽ら大国派の重用に、人脈的繫がりだけでなく、平田派への牽制という意味合いもあったことが見えてくる。

教義論争のリスク

一八七〇（明治三）年一月三日、政府は「鎮祭《ちんさい》の詔《みことのり》」と「大教宣布《だいきょうせんぶ》の詔」を発布し、最高祭主としての天皇を頂点として、新しい国教（大教）の布教に乗り出すことを宣言した。しかし、その布教はすぐには始まらなかった。大国派と平田派の対立のために、宣教使の中で主神や教義に関する統一見解がなかなか定まらなかったのである。

特に両派は、どの神を主神とするかをめぐって激しく対立した。大国派がアマテラスを主神とする一神教の教義を主張したのに対し、平田派は、タカミムスビ・カミムスビ・オオクニヌシを主神とする多神教の教義を打ち出した。

平田派の教義は、『神魂大旨《しんこん》』とそれを講義した『神魂演義』によって知ることができる。後者の『神魂演義』は、すべての人々は、タカミムスビとカミムスビから生まれたとし、誰もが生んでくれた父母の感謝を忘れないのと同じように、これらの神々の恩に感謝すべきであると主張した。また、この世の秩序は、あの世の秩序と連動していると説き、この世を支配している天皇に逆らえば、あの世を支配しているオオクニヌシに罰せられるだろうとし、オオクニヌシへの信仰を求めた。さらには、この世の政府に対して、あの世には幽府があり、土地ごとの産土神《うぶすながみ》が政務を代行しているとし、産土神を厚く敬うことを命じている（藤井貞文「宣教使に於ける教義確立の問題」）。

要するに、天皇統治に正当性を与えるために、オオクニヌシ・タカミムスビ・カミムスビ・産土神などを政治シンボルとして用いていることがわかる。また、神罰をチラつかせることで、天皇や政府への反逆行為を戒めた。

一方、大国派の教義は、小野が執筆した『神教要旨』によって知ることができる。この中で、小野は、「天祖」（アマテラス）を「天地の主宰」と位置付けた。さらに、ここに「天神天祖の徳は一つである」という注を付け、彼の教義が、平田派とは違ってアマテラスを主神とする一神教であることを強調した。小野は、アマテラスの地位は決して変わることはなく、アマテラスはあらゆるものを生じさせる創造神であり、この世もあの世も統治する超越神であるとし、アマテラスのみへの信仰を訴えた（羽賀祥二「神道国教制の形成」）。

要するに、現体制に絶対的な正当性を与えるために平田派が数々の神に振り分けていた正当性根拠を、政治シンボルとしてのアマテラスに一元化したというわけである。

ところで、大国派の教義は、国家イデオロギーをできる限り記紀神話の神々だけで紡ぎ出そうとした平田派の教義とは異なり、他宗教のあからさまな取り込みが見られる。例えば、アマテラス教とでも言うべき一神教的構成は、記紀神話に依拠したものではなく、かつてのキリスト教徒に対する教誨の経験を活かし、キリスト教の教義を流用したものだった（同前）。

また、この教義には、信徒の実践すべき規範として、「敬神」（神を敬う）の項目の他に、「明倫」（倫理を明らかにする）の項目が掲げられ、儒教道徳に基づく、君臣・父子・夫婦・兄弟・朋友の名分序列の徹底が求められた。つまり、彼らは、神道であることに原理主義的に拘泥することなく、統治の正当化に役立つものならば、何でも取り込もうとしたのである。

そのため、この教義は平田派の強烈な反発を引き起こした。彼らは、小野の説を儒者がやりがちな折衷主義に基づく「私説」にすぎないとして異端視し、道理に合わない「僻《へき》説《せつ》」であると嫌悪した（常世長胤「神教組織物語」）。

神祇官から神祇省へ

ところで、教義論争は思いがけない形で終息する。一八七一（明治四）年三月になって、矢野玄道を含む平田派の主流が、同年一月に起こった攘夷派による広沢真臣暗殺事件を機に国家反逆の嫌疑をかけられ、いっせいに追放される事態（平田派国事犯事件）が生じ、大国派に対する抵抗勢力が著しく弱体化したのである。

この事件は大国派の福羽美静が主導した政府内の攘夷派一掃の謀略だったと考えられている。また、同年七月の廃藩置県を契機に、政府の方針が文明開化・富国強兵路線の近代化政策に大きく傾いたことを考えるならば、この追放劇を、近代化のための布石と捉えることも可能である（高木博志「神道国教化政策崩壊過程の政治史的考察」）。

こうして、神祇官における大国派の覇権が確立するとともに、政府首脳の間で神道国教化政策が見直されることになった。

同年八月八日には、最高官衙だった神祇官が、太政官の管轄下の神祇省へと改組された。ちなみに、近代宗教史ではしばしば、この改組が神祇官の「格下げ」であり、神道国教化政策の切り捨ての兆候と見なされることがある。しかし、阪本是丸によれば、こうした見解は不正確であるという。従来の神祇官は、形式的には最高機関だったが、政治の実務を担う他の機関から外れた「孤島」のようなもので、他の機関ほどの行政権がなく、神社調査や神官の把握すら独力ではできないような有様だった。だから、実質的には宗教と政治の「有機的連関」のための積極的改革だったとする（「日本型政教関係の形成過程」）。

実際、宣教使は一八七〇年早々に開業が宣言されたものの、ほとんど機能しなかった。各府藩県に教義を広める宣教掛のなり手の推薦を求める際にも、行政を担う太政官の力を借りざるを得ず、優秀な人材を失うことを危惧した各府藩県が推薦をしぶったために、推薦条件を緩和しなければならなかった。しかも、七ヵ月を経てようやく揃った候補者は、条件の緩和が影響して、ほとんど儒者（この中には、後に天皇の侍補《じほ》となり、教学大旨や教育勅語の編纂に携わる元田永孚《もとだながざね》もいた）になってしまい、大国派に対する平田派の反発がますます高まった。その後、小野が候補者の教育を行ったが、それを終えるまでにさらに半年の時間を要した（藤井貞文「宣教使の研究」）。

加えて、一八七一年頃には、かつては神道国教化政策を積極的に支持していた政府首脳の間で、その実効性に対する幻滅の声が高まった。当時、大久保利通から岩倉具視に宛てられた書簡には、神祇官の教義論争を「茶飲み話」と揶揄する記述が見られる（『大久保利通文書』第四）。

それでも、政府首脳は神道国教化政策や神祇官を切り捨てなかった。神祇省改組の前には、大久保や岩倉と神祇官幹部の小野や門脇重綾《かどわきしげあや》との間で対策会議が行われていたし、改組自体、福羽や門脇の積極的な関与のもとに行われた。したがって、単なる格下げとは言い切れない。

また、神祇省改組には、天皇による祭祀と国民に対する布教とを一手に担い、パンク寸前だった神祇官を解体し、祭祀部門を宮内省に移すことで、国教の布教のみに業務を一本化するという意味合いもあった（阪本是丸「教部省設置に関する一考察」）。

要するに、この改組は、政治シンボルの機能を効率化させるための施策と言えるし、平田派の追放と相俟《ま》って、宗教シンボルであるアマテラスを政治シンボルとして機能させる際に必然的に生じるリスクを飼い馴らすための施策とも捉えられる。

アマテラス教の創出

一八七一（明治四）年九月、神祇省は、実質的なトップの福羽を始めとして、門脇・小野、伊勢神宮宮司の浦田長民《うらたながたみ》らの連署の下、基本方針を作成し、岩倉具視（外務卿）・大久保利通（大蔵卿）・大木喬任《おおきたかとう》（文部卿）ら政府首脳に提出した。

その内容は、一言で言えば、伊勢神宮・アマテラスを機軸とした国教を通した民衆教化の計画書である。アマテラス教とでも呼ぶべき教義がようやく省の統一見解として示された。教義の枢要部分を現代語訳して挙げておこう。

天地・万物は、すべてアマテラスの恩顧を受けており、人間の生死もまた例外ではない。アマテラスは高天原の主神であるばかりでなく、天地創造の主神であり、今の天皇の祖先神である。だから、天皇はこの世に現われた神であり、天皇の恩はつまり、アマテラスの恩である。土地ごとに祀られた氏神は、アマテラスの指図にしたがって土地の民衆を守護しており、アマテラスへの信仰は氏神への信仰と直結している（『大木喬任文書』）。

一読してわかるように、この内容は小野述信が作成した教義に基づくアマテラス一神教をベースにしながら、平田派の世界観を統合したものになっている。また、先に挙げた両派の説とは異なり、天皇とアマテラスの一体性、天皇の神格化が強調されている。これらの措置は、国学諸派の教義を一本化し、教義の目的を統治の正当化へと一本化するものであり、教義論争を回避することで、宗教シンボルを政治シンボルとして運用する際に生じるリスクをあらかじめ飼い馴らそうとする試みと捉えることができる。

さらに、この基本方針では、布教の方法に関する具体案が提示された。以下、箇条書き風に要約しておこう。

第一は、「公法」の制定である。氏神《うじがみ》を祀るすべての神社にアマテラスを勧請《かんじょう》すること、府県庁付近の神社と府県社にアマテラスを勧請すること、華族以下すべての民衆の家に神棚を設け、伊勢神宮の大麻《たいま》（お札）を安置することが「公法」として定められた。

第二は、「公法」の実施の徹底である。地方諸官吏は、祝祭日や月初め、就任・出征の際に必ず伊勢神宮を参拝すること、華族以下すべての民衆は、祝祭日や月初めに、（アマテラスが勧請された）氏神社を参拝すること、なお、神官が事前に氏子《うじこ》帳を用いて参拝をチェックすること、すべての民衆は毎朝（アマテラスが祀られた）神棚を参拝すること、なお、神官が月一度各戸を巡回してチェックすること、氏神社や神棚の参拝を怠る者に対しては罰金刑を科すことが細目として定められた。

そして、第三に、これらの項目が実効を持つように地方で対応し、東京・大阪・京都や開港地など緊急の教化政策が必要な地方には、特に使いを派遣するとした。

なお、この方針の立案と平行して、太政官の主導によってこの方針の実現の布石となる諸政策が進行した。まず、神祇省改組に先立つ一八七一年五月には、伊勢神宮を頂点として全国の神社を格付けすると同時に、神社の私有を禁止し、神官・神職の世襲を禁じ、すべて国家の官吏とする「神社改正」が行われた。同年七月四日には、すべての民衆を対象に、出生の際には戸長に届けを出し、神社の氏子として登録することを義務付ける「氏子調」が定められた。続く同月一四日には、伊勢神宮の制度改革が行われ、中世以来の神仏習合説で同格とされてきた内宮《ないくう》と外宮《げくう》の区別が明確化され、外宮に対する内宮の優位が定められた。また、外宮の御師《おんし》が中心的に担ってきた伊勢神宮大麻の頒布事業をいったん禁止し、同年一二月に国家の公的事業として復活させた。

要するに、これらの施策を通して、政府は、太政官と神祇省の有機的連関を高め、神社改正によって、全国の神社と神職を伊勢神宮中心に統制し、氏子調によって、全国民を伊勢神宮に連なる氏子に位置付け、神宮の改革によって、アマテラスと伊勢神宮・伊勢大麻の権威を絶対化し、政府の手に独占した。

こうして、アマテラス崇拝を介して天皇を頂点とする「神ながらの政治共同体」を実体化するという、神祇省の誇大妄想じみた計画を実現に移す準備が整えられていった。

アマテラスから神武天皇へ――政治シンボルの世俗化

近代化政策への移行

ところが、神祇省の思惑とは裏腹に、神道国教化政策は大々的な展開の目《め》処《ど》が立ったとたんに破綻を来たし始めた。

その最大の原因は、一八七一（明治四）年七月一四日における廃藩置県の達成によって、政府の統治政策が近代化政策へと大きく転換したことにある。つまり、宗教シンボルを政治シンボルとして運用する際に生じる第三のリスクが立ちふさがったのである。

明治政府は、クーデターによって成立したために、旧幕藩体制の藩勢力を利用せざるを得なかった。そのため、先に挙げた宣教掛の募集の例に見られるように、中央の政策が地方の藩勢力によって妨害されるケースがしばしば生じたが、廃藩置県は、政府が中央の政策を地方にまで一元的に浸透させることを可能にした。そして、これを前提として、政府は近代国家制度の充実を目指す近代化政策に力を入れるようになった。

近代化政策の最大の目的は、日本を欧米諸国と肩を並べる「一等国」とすることにあった。そのためには、日本に「二等国」としてのレッテルを貼った、幕末の不平等条約をまず改正せねばならず、条約改正に成功させるためには、欧米諸国と比べて遜色のない近代国家制度を確立しなければならなかった。

実際、廃藩置県に前後する一八七一年から七三年には、近代化政策に基づく改革が矢継ぎ早に実施された。例えば、後に神祇省の氏子《うじこ》調《しらべ》に成り代わり国民管理を司るようになる近代的戸籍法が制定され（七一年四月）、文部省の設置（七一年九月）と学制の公布（七二年八月）によって国教に代わる国民教化の手段としての学校教育が整備され、江戸時代以来の太陰暦に代わって欧米と共通する太陽暦が採用され（七二年一二月）、従来の武士中心の軍制を改め欧米同様の国民皆兵を基礎とする近代軍制が定められた（七三年一月）。

神道国教化政策では、近代化政策に反し、アマテラスの政治シンボルとしての権威を脅かすキリスト教を徹底的に弾圧した。そのため、この政策に対する猛抗議がキリスト教国である欧米諸国から起こり、不平等条約改正のために欧米諸国を歴訪した外交使節団は同様の抗議にしばしば直面した。そして、キリスト教の禁止が改正交渉に不利であるという認識に達し、政府は、一八七三年二月には、使節団の帰国を待たずして、キリスト教禁止の高札を撤去せざるを得なくなった。

国民意識の醸成へ

また、あらゆる国際的競争に耐えうる国力をつけるためには、国家制度だけではなく、それを担う人々の意識改革が必要とされた。福《ふく》沢《ざわ》諭《ゆ》吉《きち》が『学問のすすめ』（一八七二～七六年）でいみじくも述べたように、当時の日本は「ただ政府はありて国民あらず」という状況にあった。江戸時代に儒教に基づく名分論が広く普及した影響で、民衆の間には、統治の実務を我が事とは捉えず、統治者層の判断に委ねる被治者意識が蔓延していた。このような状態では、いくら政府が近代国家制度を整備したところで、到底、国力の向上には結び付かない。そのためには、民衆に、国家から自立した判断に基づいて国家の統治に主体的に携わるという、「国民」としての自意識を持たせなければならなかった。「一身独立して一国独立すること」という『学問のすすめ』の有名なテーゼは、こうした論理に立脚している。

それゆえ、アマテラスを機軸とした国教は、国家の近代化のために克服されるべき「未開」の徴《しるし》と見なされるようになった。例えば、近代化イデオローグの一人、加藤弘之《かとうひろゆき》は、『真政大意』（一八七〇年）や『国体新論』（一八七五年）の中で、アマテラスの「神勅」に基づいて天皇への絶対服従を説く国学者の議論は、「陋劣野卑《ろうれつ》」であり、「開化未全の国」の常であると嘲笑した。さらにこうした論が、天下の民衆は君主の所有物であるとする国家イデオロギーを誘導し、民衆が「国民」としての主体的統治者意識を育むことへの障害になると切り捨てた。

政治シンボルの転換

そして、国民意識を醸成させるためには、統治の理想像についても転換が必要だった。従来のように、アマテラスの子孫である天皇が絶対的権威を持って君臨する「神ながらの政治共同体」が理想とされるのならば、国民意識は決して生じない。新たに欧米流の社会契約論に基づいて、「国家統治は国民の利益を第一の目的とするもので、国民はこれを前提に政府と契約し統治の実務を任せる」という近代的統治観が理想とされることで、ようやく被治者根性のこびりついた民衆の間に、統治に主体的に携わることをみずからの権利・利益と捉える国民意識が生まれるのである。

これに関連して、君主の理想像も、アマテラスによって正当化された現人神《あらひとがみ》や最高祭主といった宗教的イメージよりも、ロシアのツァーリやオーストリア皇帝・フランス皇帝など、欧米近代の君主像を基準とした軍事的指導者といった世俗的イメージが相応しいと考えられるようになった（飛鳥井雅道『日本近代精神史の研究』）。

このような近代化政策への転換は、政治シンボルの運用にも当然大きな転換を生じさせた。

近代化政策が目指す政治の世俗化に連動するように、宗教シンボルとしての性質を強く持つアマテラスが政治シンボルとして積極的に運用される機会は一時的に減少し、その代わり、比較的世俗的なシンボルである神武天皇が近代化政策に基づく新たな統治のあり方を正当化する政治シンボルとして運用される機会が増えてゆく。

神祇省から教部省へ

ただし、近代化政策の初期においては、かえってアマテラスが政治シンボルとして積極的に運用された。合わせて、神道を利用した教化政策も仏教勢力を取り込む形で強化された。

民衆の日常生活に大きな変化をもたらし、あるいは新たな負担を強いる近代化政策に基づく統治の正当性をいかに伝達し、それへの不満や抵抗をいかに抑制するかを考えたとき、政府には、アマテラス以上の効力を持つ政治シンボルや宗教以外の教化手段が見出せなかったのである。なお、仏教との協力体制が可能になった背景には、神仏分離・廃仏毀釈《はいぶつきしゃく》によって衰退した教勢の回復を目論《もくろ》む仏教勢力の積極的な働きかけがあった。

一八七二（明治五）年三月、政府は、同年一月の左院（行政担当機関）建議に基づいて、神祇省を教部省に改組し、教導職に新たに僧侶を加え、仏教勢力と協力して民衆教化の規模を拡大した。

しかし、教部省体制の成立は、神道国教化政策の深化であると同時に本格的破綻の始まりだった。宗教シンボルを政治シンボルとして用いることのリスクがここで一気に噴き出したのである。

まず、神道を国教とすることへの固執は、先に挙げた第二のリスク、宗教衝突を引き起こし、教部省内部の足並みを乱すことになりかねなかった。もっとも、教部省体制では、そのリスクを回避すべく、仏教に対して最低限の配慮がなされている。神道に偏向した神祇省の教義を踏襲せず、神道・仏教双方が共有し得る程度に神道色を薄めた「三条の教則」が新たに定められたのである。

第一条　敬神愛国の旨を体すべき事

第二条　天理人道を明《あきらか》にすべき事

第三条　皇上（天皇）を奉戴し朝旨（政府の命令）を遵守せしむべき事

それでも、第一条に「敬神」が挙げられたことからわかるように、神道の優位は明白だった。さらに、大教院が神道・仏教共通の中央機関として芝の増上寺に設置されると、本堂にあった本尊の阿弥陀仏が撤去され、アマテラスとアメノミナカヌシ・タカミムスビ・カミムスビの造化三神とが新たに祀られることになった。大教院の開院式では、神官とともに僧侶が神道式の拍手《はくしゅ》をうってこれらの主神を礼拝した。

教義と主神からわかるとおり、教部省による教化政策は、神道に仏教を併呑する形式で行われた。このことは、仏教側に強い不満を生じさせたのはもちろんのこと、神道側にも不満を生じさせた。例えば、神祇省の中心人物だった福羽美静《ふくばびせい》は、神道と仏教を分離した教化方針を主張し、左院から教部省に派遣された薩摩閥の官僚と対立して、教部省を去らざるを得なくなった。

ちなみに、教部省が主神としてアマテラスと造化三神とを置いているのは、教義論争のリスクを回避する措置と思われる。しかし、この措置は、このリスクを長くくすぶり続けさせることに繋がった。

というのも、教部省が崩壊した後の一八七九年、神道各派を管轄する神道事務局の遥拝殿の新設に際して祭神を決定する必要が生じ、伊勢神宮の主導で教部省の慣例どおり、アマテラスと造化三神とを祀ることになったが、この際、出雲大社からオオクニヌシを加えるようにというクレームがついたのである。しかも、出雲派があの世を統括するオオクニヌシはアマテラスに対して優越すると主張したために、神道事務局を二分する大論争が起こってしまった。結局、この論争は、一八八一年の神道大会議において、天皇の勅裁によってアマテラスを主に祀ることが決定されるまで続いた。

また、教化政策においてアマテラスを露骨に用いたことが、神道国教化政策を破綻への道へと追い込むさらなる火種を呼び込んだ。ここでも宗教衝突のリスクが噴き出したのである。

アマテラス自体のリスク化

一八七二（明治五）年六月、教部省は、神祇省の基本方針に「公法」の一つとして挙げられていた伊勢神宮大麻《たいま》の頒布を地方官庁に委嘱する形で強行した。すると、全国各地でその授受を拒絶するトラブルが頻発した。

大麻は、前近代には罪穢《けが》れを祓《はら》う宗教的呪具という性質が強かったが、政府の手で配布された大麻には、天皇統治を正当化する政治シンボルとしての性質が新たに加えられた。もっとも、この措置は大麻の宗教的性質を抑制することには繋がらなかった。逆に、大麻に対する政府の統一見解を定めた一八七三年の「皇大神宮奉祀喩解」では、罪穢れの除去や厄払い、寿命の延長、死後に永遠の幸せを保証するといった大麻の宗教的現世利益が強調された。

大麻の強制頒布は、教部省の思惑はどうあれ、アマテラスを本尊とする国教としての神道の強制であり、地域の伝統的な信仰体系を破壊するものと受け止められた。同時期に急速に展開された近代化政策への反発も相俟《ま》って、各地で混乱が起こり、あるいは反発が生じた。

例えば、静岡県では、一八七二年から翌年にかけて、大麻の字が蝶に化け、疫病の流行を起こすという噂が流れ、蝶に化ける前に対処しようと大麻を焼いたり、川に流したりする事件が多く見られた。山梨県でも、同時期に、大麻を焼き、川に流す事件が多く見られた。茨城県でも、大麻の祟《たた》りで火事になるという噂が流れた（安丸良夫・宮地正人編『宗教と国家』）。

神祇を祀ることを硬く禁じていた真宗の信徒の間では、大麻の焼却や神棚の破壊が行われた。これを苦慮した東本願寺は、教部省との協力体制がある建前上、「大麻頒布は天皇の命令だから背いてはならないし、神を祀ることは異端には当たらない」という指令をわざわざ出さなくてはならなくなった（安丸良夫『神々の明治維新』）。

しかし、それでも混乱は完全には収まらず、最終的に政府は一八七八年三月になって、大麻頒布への地方官庁の関わりを廃止したうえで、「大麻を受け取ることも拒否することも民衆各自の自由である」とした内務省通達を出すことを余儀なくされた。

さらに、近代化政策との矛盾という第三のリスクが、神道国教化政策に止めを刺すことになった。

神道国教化政策の破綻

もちろん、教部省はこのリスクを放置していたわけではない。一八七三（明治六）年一〇月には、「皇国国体。皇政一新。道、変わるべからず。制、時に随うべし。人、禽獣《きんじゅう》と異る。教えざるべからず。外国交際。権利義務。心を役し形を役す。政体各種。文明開化。律法沿革。国法民法。富国強兵。租税賦役《ふえき》。物を産し物を製す」からなる一七兼題を教導職の説教題目として新たに制定し、説教の内容に近代化政策の正当化を盛り込んだ。

しかしながら、安丸良夫・宮地正人編『宗教と国家』に収録された、ある神官が一八七三年に静岡県で教導を行った際の記録を見ると、実際の教導の現場ではこの兼題のすべてがバランスよく説かれていたわけではなかったことがわかる。

そこでは、アマテラスの子孫である天皇の統治権の絶対性や、文明開化をもたらした政府のありがたさ、自主独立の精神に基づく殖産の勧めが強調される一方で、近代化政策が目標とする国民意識の醸成に不可欠な民衆の政治的権利の喚起はまるで行われなかった。逆に、民衆が政府に反抗することを戒めるために、政府の意志は神の意志であり、逆らえば神罰が下るとする平田派ばりの脅しが加えられた。教義の世俗化を行い、近代化政策との対立を解消することは、容易ではなかった。

そして、このような教説の跋扈《ばっこ》は、教部省ともども、政府内外の近代化イデオローグたちから「未開」の徴と見なされ、嘲笑を浴びせられることになった。

もっとも、近代化イデオローグの言動には、純粋な思想的動機だけがあったわけではない。教部省体制に不満を持つ仏教の最大派閥、真宗本願寺派が『明六雑誌』に集う政府内外の近代化イデオローグや政府内の長州閥に働きかけ、教部省の主導する神道国教化政策が政教分離と思想信教の自由という近代国家体制のルールと矛盾する蛮習であるとするキャンペーンを張り、教部省批判の流れを盛り上げたのである（宮地正人「近代天皇制イデオロギー形成過程の特質」）。政府は、宗教衝突を避けるべく、一八七五年一一月には、信教の自由を国民に保証する口達を発せざるを得なくなった。

また、これと平行して本願寺派は仏教他派を主導し、一八七五年二月には大教院から真宗の有力四派を脱退させ、五月には神道・仏教の合併教導を禁止に追い込み、大教院を解体に至らせた。教部省は、形式的には一八七七年一〇月まで存続したものの、大教院を失った時点でその存在意義を喪失したと言っていい。

こうして、近代化政策への転換を機に、宗教シンボルを政治シンボルとして用いることのリスクが次々噴き上がり、神道国教化政策を破綻させてしまった。宗教シンボルという性質を持つために政治シンボルとして用いられてきたアマテラスは、ここに至ってその性質が逆に仇となり、政治シンボルとして運用することが困難になったのである。

アマテラスから神武天皇へ

近代化政策への転換によって、これを正当化する主たる政治シンボルの座もまた、アマテラスから神武天皇へと転換した。その転換の兆しは、廃藩置県直後に出された一八七一（明治四）年八月二五日の「服制更革《こうかく》の内勅」に見ることができる。短いものなので、全文を引用しておこう。

朕《ちん》惟《おも》ふに風俗なる者移換以て時の宜《よろ》しきに随ひ国体なる者不抜以て其勢を制す。今衣冠の制中古唐制に模倣せしより流て軟弱の風をなす。朕はなはだこれを慨《なげ》く。夫《そ》れ神州の武を以て治むるや固《もと》より久し。天子親《みずか》ら之が元帥と為《な》り、衆庶以て其風を仰ぐ。神武創業、神功征韓の如き、決て今日の風姿にあらず。豈《あに》一日も軟弱以て天下に示す可《べ》けんや。朕今断然其服制を更《あらた》め其風俗を一新し、祖宗以来尚武の国体を立んと欲す。汝ら其れ朕が意を体せよ（『明治天皇紀』第二）。

この内勅の表向きの意味は、天皇の服制を従来の和装の束帯《そくたい》・直衣《のうし》から洋装の軍服へと近代化することを指示するものでしかない。しかし、詳しく読み解いて行くとその裏にさらなる意味が込められていたことがわかる。

まず、内勅は、天皇が軍服に着替えることを、天皇の理想像が国教の最高祭主から世俗的な軍事指導者である「元帥」へと転換することに結び付けた。同年九月には、この内勅を受けて、欧米諸国の皇帝の正装である軍服の調査が行われ、七二年一月から天皇の乗馬訓練が始まり、軍人としての訓練が本格化していった。七三年三月には、天皇は従来の薄化粧などによる女装を止め、長く伸ばした髪を切り、欧米の皇帝や政治家にならってヒゲを生やすようになった。同年一〇月には、身なり面貌ともに軍人然とした姿に変身した天皇の写真（図12）が撮影され、各県に下賜された。平行して、天皇の全国行幸が行われ、ニュースタイルの天皇像が広く民衆に提示された（佐々木克『幕末の天皇・明治の天皇』）。

また、内勅は、これに連動して、統治の理想も「神ながらの政治共同体」から元帥天皇を頂点とする世俗的軍制を中心に据えた「尚武の国体」へと転換することを示唆した。実

図12　軍服装の明治天皇（内田九一撮影、宮内庁所蔵）

際、この頃には、山県有朋《やまがたありとも》が中心となって、フランスやドイツの制度を準拠とする国民皆兵に基づく近代軍制の整備が進められていた。

つまり、この内勅には、天皇の服制の表面的な欧米化＝近代化のみならず、欧米並みの近代国家作りを目標とした、近代化政策への転換、政治全般の世俗化への転換を画する象徴的意味が込められていたことがわかる。

もっとも、この転換は、実質的には欧米追従という国辱的転換に他ならない。そこで、内勅では、神武天皇と神功皇后がこの転換の正当化根拠として示された。要するに、これらを政治シンボルとして用いることで、国辱的転換を、ナショナルな伝統への回帰であるかのように置換し正当化したわけである。

なお、ここでこれらが政治シンボルとして選択された理由は、いずれも軍事英雄であることを挙げることができるだろうが、特に神武天皇に関して言えば、それが明治維新以来、イメージの曖昧さを逆手にとってあらゆる改革を正当化するために用いられてきたことに拠ると思われる。

そして、この転換が、政治の世俗化を志向した、神道国教化政策から近代化政策への転換だったことを踏まえるならば、政治シンボルにアマテラスではなく神武天皇（と神功皇后）を用いたことには、政治シンボルの世俗化という意味合いを見出すことができよう。

女権の解体と政治の男性化

政府は、服制更革の内勅と連動して、「尚武の国体」を実現させるための政治改革を次々と行った。

まず、天皇像の転換の直接的障害となる宮廷の改革が、内勅に先立つ八月一日を期して決行された。天皇を堅くガードしていた公卿出身の侍従や女官が罷免され、新たに薩摩・熊本・長州・土佐・越前藩出身の士族の男たちが近侍として採用された。女

図13　神武天皇木像（竹内久一制作、東京芸術大学大学美術館所蔵）

官はいったん総免職とし、女官が担っていた奥向きの権限を皇后に集中させる形に再編した（飛鳥井雅道『明治大帝』）。これをもって、欧米モデルに基づき、天皇を世俗的な軍人君主へと変身させる改革が可能になった。

ところで、宮廷改革を担当した薩摩の吉井《よしい》友実《ともざね》は、改革の成功をみずからの日記に「数百年来の女権、たゞ一日に打消し、愉快極りなし」と書きつけた（同前）。彼にとってこの改革は「女権の解体」、政治権力の男性化を意味していた。

この「男性化」という性質は、この一連の改革に共通している。例えば、先に見たように、天皇の元帥化は従来の曖昧なジェンダーを払拭した男性化であったし、新たに採用された政治シンボルもアマテラスから神武天皇へと男性化された。より正確に言えば、神武天皇はこうした文脈で運用されることで、かつては曖昧だったイメージが男性的な武人姿へと定式化していった。なお、一八九〇（明治二三）年に竹内久一《たけうちきゅういち》によって制作された神武天皇木像（図13）は、その後のあらゆる神武像の定型となったが、その姿は明治天皇の顔をした神武天皇として表わされた。この事実は、元帥としての近代天皇像の確立が、政治シンボルとしての神武天皇との同一化でもあったことを如実に示している。

また、元帥としての天皇を頂点とする「尚武の国体」を実体化した徴兵制度では、男性のみが徴兵の対象とされた。当たり前のことのようだが、ここにも政治の男性化という性質を見出すことができる。

徴兵制度と「尚武の国体」

一八七三（明治六）年一月一〇日、徴兵令が発布され、すべての身分の二〇歳以上の男性を対象とする徴兵制度がスタートした。これに先立つ前年一一月二八日には、この制度の正当性を民衆にアピールするために、天皇の詔書とともに太政官による徴兵告諭が発布された。ちなみに、徴兵令と詔書・告諭にタイムラグがあるのは、徴兵の方法を身分ごとに分けるか、全身分一律とするかで議論が紛糾したためである。

試みに、この告諭からこの制度導入の根拠を描いた箇所を意訳したうえで抜粋引用しておこう。

わが国の古代の体制では、国内で兵にならないものはいなかった。有事の時には、天皇が元帥となり、兵役に耐える大人を募り、これによって不服の輩を征伐した。…そもそも、神武天皇が珍彦《うずひこ》を葛城《かつらぎ》国の国造として任命して以降、軍隊・衛士・防人の制度が成立した。しかし、平氏の台頭以降、この制度が乱れ、軍事権は武士の手に落ち、国家は封建制度となり、兵士と農民の間に差異が設けられた。明治維新によって、ようやく政治体制が古代に復古し、世襲の既得権益にあぐらをかく士族の権利が減じられた。こうして、四民（士農工商）は自由の権利を得ることができるようになった。徴兵制度は、上下を平均し、人権を斉一にする道であり、兵士と農民を合一させる基礎である。

以上の引用から明らかなように、この告諭では、服制更革の内勅にも見られた、元帥としての天皇像と「尚武の国体」とが国民皆兵の根拠として示されている。また、この根拠を正当化するために、内勅と同様に神武天皇が政治シンボルとして用いられていることがわかる。国民皆兵は、神武天皇への復古とされたのである。ちなみに、ここにはもはや神功皇后の名はない。この変化には、政治の男性化の深化を読み取ることができよう。

さらに興味深いのは、すべての男性たちに対して、自己の権利のために「尚武の国体」への主体的参加を誘う告諭のレトリックが、天皇や政府への絶対的服従を義務付けたかつての神道国教化政策の教義とはまるで質が違うということである。政治シンボル自体だけでなく、その運用法にも大きな転換が起こっていた。

つまり、近代化政策を採る政府は、神道国教化政策の頃のように国教の教義を振りかざし民衆の意志を強制的に従わせるために、政治シンボルを用いるのではなく、世俗的な政治制度を介し、民衆の国民としての権利意識あるいはメリットを刺激して、民衆がみずからの意志によって統治の正当性に合意し統治に参加するよう仕向けるために、それを用いるようになったのである。

紀元節の制定

一八七二（明治五）年一一月に国民の祝日として制定された紀元節にも、世俗化された政治シンボルの新たな運用法を見ることができる。

紀元節とは、神武天皇の即位日、つまり「神武創業」を記念した祝日であり、現在の

「建国記念の日」に当たる。

なお、紀元節制定の意図を具体的に記した文書は未だに見つかっていないが、有泉貞夫が発掘した宝祚《ほうそ》節（天皇即位記念日）制定文書（一八七四〜七五年）によって、それをうかがい知ることはできる。そこでは、「皇室の地位についての正当性に疎くなると、民衆の反乱のきっかけになるかもしれない。しかし、祝日を設けて毎年奉祝を実施させれば、自然に皇室に逆らうような心得違いもなくなる」という意見が述べられていた（「宝祚節不制定始末」）。

これを踏まえると、紀元節の意図が、「神武創業」を祝う世俗的な奉祝行事を毎年の慣習として根付かせることで、強制的手段によらずに、民衆の間に、天皇統治を正当化する国家イデオロギーを内在化させるとともに、天皇の国民としての自意識を徐々に刷り込んでゆくというところにあったことがわかる。

ただ、当初、政府は民衆すべてに等しく参加義務を課すことはせず、特に士族層に向けて強く参加を促した。その理由は、政策実行を担う社会的支柱としての期待をかけた士族層に、この行事を通して、国民としての手本を民衆に指し示すエリート役割を自覚させようとしたためであろう（有泉貞夫「明治国家と祝祭日」）。

また、興味深いのは、紀元節制定が、近代化政策の一環として太陽暦改暦とともに行われたことである。政府は、同年一一月一五日付で布告を発し、太陽暦改暦に合わせて、神武天皇即位年を紀元とする記年法を新たに採用することを宣言するとともに、神武天皇即位日を祝日とすることを定めた。翌七三年一月四日には、旧暦に基づく五節句の祝日を廃止し、神武天皇即位日と天長節（天皇誕生日）を祝日とすると布告し、三月七日に神武天皇即位日を「紀元節」と改称する旨を布告した。

こうした措置には、欧米追従でしかない太陽暦改暦を、神武天皇によって正当化するとともに国家的伝統に置換し、天皇を基準とする時間制度として日常に根付かせるという狙いが透けて見える。また、旧太陰暦を通して広がっていた幕藩体制以来の儀礼や習俗ごと、幕藩体制に由来する旧《ふる》い帰属意識を断ち切り、それらと新しい国民行事とを入れ替え、新しい統治に対する帰属意識を作り出すという狙いがあったとみるべきだろう。

世俗化のジレンマ

ところで、徴兵制度や紀元節を通した世俗的な政治シンボルの運用は、民衆の自発性に基づいて、統治の正当性への合意を取り付け、統治への参加意識を促すことを目的としていたため、際立った効果がなかなか生じなかった。逆に強制力がない分、当初は反発や軽視が目立った。

例えば、徴兵制度は、必ずしも統治への参加意識を作り出したわけではなく、しばしば重い負担を課す迷惑な制度として受け止められた。

政府は、不満を抑えるために、一家の主人と後継者、あるいは代人料を支払った者に対して徴兵免除を認める条項を定めなくてはならなかった。しかし、この条項は、しばしば悪用され、金を払って養子縁組を行う徴兵逃れが流行した。また、徴兵そのものに反対する一揆も続発した。徴兵告諭が徴兵の義務を「血税」と呼んだことから「血税一揆」と呼ばれるこの一揆は、西日本を中心に一〇数件起こった。中でも一八七三（明治六）年六月の岡山県美作《みまさか》地方の一揆は、参加者中処罰された者が二万六〇〇〇人以上に及ぶ大規模なものとなった（石井寛治『開国と維新』）。

また、紀元節の定着にも時間がかかった。こちらに対しては強い反発が見られない代わりに、軽視が目立った。

竹永三男によれば（「島根県における紀元節の歴史的諸段階」）、島根県において、紀元節は制定直後に県当局がすばやく対応し、官公庁の公式行事として定着した。しかし、明治中期以降に紀元節行事の主要な場となる学校では行われず、影響は最小に止まった。また、参加対象は、神官・士族・学区取締および正副の戸長に止まり、それ以外の県民一般には普及しなかった。県は、この状況を克服するために旧暦に基づく慣習や行事の清算を行い、天皇写真や日の丸を行事に取り入れ、地元の神社祭祀に紀元節を組み込むなどの工夫を行ったが、紀元節は容易に普及しなかった。

こうした状況が転換したのは、一八八九年の紀元節を期して帝国憲法が発布され、翌年に教育勅語が発布された後である。これ以降、紀元節の唱歌をうたい、教育勅語を奉読し、天皇写真を拝礼するという厳粛化した紀元節の式次第が小学校で徐々に普及していった。九二年には県訓令「小学校祝日大祭日儀式次第」が出され、この式次第が定型化されるに至った。こうした傾向は、島根県のみならず、全国的に共通する。

国教化と世俗化の微妙なバランス——政治シンボルの馴致

自由民権運動の激化と世俗化の弊害

一八八〇年前後になると、行き過ぎた政治の世俗化の修正を求める動きが政府内で起こり始めた。

その背景にあるのは、一八七〇年代半ばから八〇年代における自由民権運動の激化である。自由民権運動は、七四年に、その前年の征韓論をめぐる派閥争いで政府を追われた板垣退助などの主導で民撰議院設立建白書が政府に提出されたことで本格化した、国民としての政治的権利を楯にした反政府的国民運動である。

政府は、民権派を懐柔するために、一八七五（明治八）年には大阪会議を開き、欧米に準拠した立憲政体樹立を国家目標とする旨を宣言し、正院に集中していた権力を三権分立の形に整備した。八一年には、民権派が長年にわたって要求してきた国会開設を、九〇年を期して行うことを宣言し、平行して、近代国家体制の基礎となる憲法の作成を本格化させた。

その一方で、民権派の抱く統治の理想があまりに世俗化し過ぎており、しばしば欧米流の社会契約論的モデルに基づいて天皇や政府の権威を矮小化する事態が生じたことに、政府首脳は強い危惧を抱いた。

例えば、七五年の立憲政体樹立の宣言を受けて、民権派の政治団体、自助社が刊行した「通喩書」は、政府が国を治めるのではなく民衆がみずから政治を行うという立憲政体の理想を論じるとともに、天皇の地位を単なる役人の元締めにまで切り下げた。この本は、政府首脳を驚愕させ、自助社社長らは国事犯に問われ、自助社も解散に追い込まれた。この本だけが原因というわけではないが、政府は同年七月には讒謗律《ざんぼうりつ》と新聞紙条例、九月には出版条例を出して、民権派の言論に対する徹底的な検閲と弾圧を行った（稲田正次『明治憲法成立史』上巻）。

また、民権派の間では、神武天皇に対する揶揄を通して、天皇統治の正当性に疑義を突きつける言動がしばしば見られた（家永三郎「日本における共和主義の伝統」）。

例えば、八〇年一一月の国会期成同盟大会席上で、植木枝盛《うえきえもり》は「天地の初めには君臣の区別など存在しない。だから、わが国では、神武天皇以来の慣習として政府が政権を担当しているが、それは天地の公道でも、宇宙の正理でもない」と演説した。

八一年八月に静岡で行われた政談演説会では、前島豊太郎《まえじまとよたろう》が「天皇は国家を力で奪った国賊である」と発言し、讒謗律に基づいて検挙された。静岡県警の報告書によれば、前島は尋問の中で先の発言の主旨は「神武天皇が腕力で天下を取った」というものだったと証言している。

八二年三月には、大庭成章が伊賀上野の政談演説会で、「神武天皇は武力で日本人種を征服し、万世一系の専制を開いた者で、日本の大盗賊である。その子孫は国賊の末裔《まつえい》で、現天皇も国賊、大臣参議以下官僚も盗賊で、この会場を見張っている警察も盗賊の手下」と発言し、重禁固四年・罰金一〇〇円の刑に処された。

八二年五月三日付の『佐々木高行日記』には、伝聞として、熊本の民権派が演説の中で「天皇を倒さねば自由の権利は伸びない。神武天皇は中国から渡ってきて、日本を盗んだ」と発言し、警察に拘引されたことが記録されている。

要するに、世俗化が行き過ぎたために、神武天皇の政治シンボルとしての権威が相対化されてしまい、本来の機能を満たせなくなるどころか、逆用され、天皇統治の正当性を脅かす事態が生じていたのである。

国教化志向への揺り戻し

こうした事態に平行して、政府内部では政治の世俗化を見直す動きが徐々に現われだした。例えば、一八七九（明治一二）年夏には、天皇の名の下に文部卿に対して教育の基本方針を示した「教学大旨」が発布された。その内容は、近代化政策に基づく世俗的な教育政策を痛烈に批判し、民権派の思想的影響力を殺《そ》ぐために、政府が国家イデオロギーの教学を作成し、強力に普及すべきと主張するものだった。

これを起草したのは、天皇の侍補《じほ》で儒学者の元田《もとだ》永孚《ながざね》だった。元田の「古稀之記」によれば、これを起草した動機は、七八年の北陸・東海道巡幸の際に天皇が彼に文部省のアメリカ式教育に対する失望を述べたことにあった（稲田正次『教育勅語成立過程の研究』）。注意すべきは、この起草の動機に権力に対する野心があったことである。天皇の教育係にすぎなかった彼は、これを通して、教育政策に強い影響力を発揮するとともに、彼ら侍補をブレーンとする天皇親政体制を作り出そうとした。

元田が「教学大旨」で提示した教学の内容は、仁義忠孝の名分を明らかにすることを主にした儒教道徳だが、彼はこれを国教として普及させよと主張した。なお、彼は天皇への講義の中で、儒教道徳を中国思想としてではなく、アマテラスや神武天皇を始めとする「祖宗の訓典」として捉える立場を披瀝していた。

さらに、布教の具体案を「小学条目」として挙げ、民権論の影響力をあらかじめ殺ぐために、小学校でこの教学の模範となる「古今の忠臣義士孝子節婦」の絵画や写真を掲げ、さまざまな知識を身に着ける前の子どもの脳髄に直接刷り込むことを提案した。

つまり、ここには、アマテラスや神武天皇といった名こそ具体的には見られないが、明治初期と同様に宗教的手段を通して政治シンボルを用いる国教化志向への揺り戻しが萌芽的に見られる。

国教化と世俗化の微妙なバランス

ところで、元田の提案がそのまま政策化されることはなかった。当時、政府第一の実力者になっていた伊藤博文《いとうひろぶみ》（図14）がこれに反発したからである。伊藤にとって、元田の提案を飲むことは侍補の勢力拡大やこれを前例にした政治介入を慣習化させることになるし、何よりも近代化政策と矛盾する政治の宗教化は今さら受け入れがたかった。

伊藤は、腹心の井上毅《いのうえこわし》に「教育議」を起草させ、元田が提案した政府による国教の創出を近代国家としての節度の観点から戒めた。その一方で、民権論に影響されがちな学生への訓導が必要なことを認めるとともに、学生を科学に進ませ政談から遠ざけるべく、国教に拠らない世俗的手段で対処することを求めた。

つまり、「教育議」には、「教学大旨」の行き過ぎた国教化志向を部分的に取り込み、従来の世俗化志向との微妙なバランスを意識したうえで、近代国家に相応しい民衆教化政策に鋳直す狙いが垣間見られる。

実際、政府は、元田らによる文部省改革の要求を一部受け入れ、アメリカ式の教育政策を主導していた文部卿田中不二麿《たなかふじまろ》を更迭し、外務卿の寺島宗則《てらしまむねのり》を文部卿に転任させた。

一八八〇（明治一三）年には、福沢諭吉《ふくざわゆきち》などの近代化イデオローグの著作や文部省が作成した近代的啓蒙書などを学校教科書として使用することを禁止した。同年暮には、重ねて国安妨害・風俗紊乱《びんらん》の恐れある書物、教育上の弊害のある書物を教科書として採用する

図14　伊藤博文

ことを注意する布達を出した。

さらに、八一年五月には、小学校教則綱領を発布し、日本史教育の義務化を行い、「建国の体制」「神武天皇の即位」などに力点を置いた歴史教育を軸に、自発的な「尊王愛国の志気」を養成することを学校教育の目標に定めた。

宗教と非宗教の狭間に

国教への関心が高まるのと連動して、かつて神道国教化を担った神社行政でも、一八八一（明治一四）年頃には近代化政策に基づく放任主義が一変し、神道やアマテラスを統治の正当化に組み込むことを意識した再編がなされるようになった（中島三千男「『明治憲法体制』の確立と国家のイデオロギー政策」）。

一八八一年一月には、先述した神道大会議によって、神祇官時代から断続的に生じていた神道の主神をめぐる論争に決着が付けられ、アマテラスの国家最高神としての絶対的権威が確立された。

また、これと平行して教部省解体で有名無実化していた氏子《うじこ》調《しらべ》制度が再編された。同年七月には、神社の総代人に「相応の財産を持ち」「衆望のある者」、つまり宗教家でない、世俗的な権力を持つ地方名望家層を充てることが定められ、その権限が強化された。翌年五月には、「氏神《うじがみ》は各自の判断に任せみだりに去就するものではない」として、氏子・氏神の自由変更の禁止が打ち出され、神社と民衆との結び付きが強化された（同前）。ただし、不平等条約改正を国家目標とする政府に、近代国家のルールである思想信教の自由や政教分離の原則に矛盾する神道国教化政策を再び採る余地があったわけではない。

そこで、政府は、一八八二年一月における神官の葬儀（宗教活動）への参加を禁止する内務省達をきっかけにして、「神道は宗教ではなく国家の祭祀である」とするレトリックを作り出した。また、同年五月には教派神道六派に対して、神道事務局から独立し私的宗教活動を行うことを承認した。こうした措置を前提に、宗教活動を行う教派神道から切り離された国家管轄の神社神道を名目上の非宗教扱いとする日本型政教分離が確立し、政教分離の建前を保ちながら神社神道を統治政策に組み込む慣例が徐々に整備されてゆくことになる。

同年四月には伊勢に皇学館が、六月には東京に皇典講究所が設立され、各府県にはこの講究所の分所が設けられた。また、同年八月と翌年六月の内務省達によって、府県社以下の神官資格には皇典講究所あるいは同分所の証明書が必要になるとされた。こうして、神社神道の神官は、名目上、宗教家ではなく、国家祭祀を執り行う役人とされるようになった。

一八八六年二月には、内務大臣山県有朋《やまがたありとも》と大蔵大臣松方正義《まつかたまさよし》の連名で、「神社改正之件」と題した上奏案が作成され、国会が開設される九〇年までに、これをベースにして、伊勢神宮への優遇策が実施された。八七年には、伊勢神宮に対する助成予算が従来の倍額近くの一万七〇〇〇円にまで増額され、翌年には予算の名称が神宮国庫共進金と改められ、額が二万七〇〇〇〇円と定められた。八六年以降には、神宮職員の官位格上げが行われ、九〇年には神宮祭主を皇族と定める変更がなされた（同前）。

政治シンボルの馴致

ここで、本章の冒頭で見た帝国憲法に立ち返ってみよう。

帝国憲法の様式は、本文では近代国家の基本である法治原則を定めた近代法としての体裁を持ちながら、「天壌《てんじょう》無窮《むきゅう》の神勅」とアマテラスや神武天皇を始めとする祖宗の権威とに基づいて天皇統治の正当性を確認する「告文《こうもん》」や「上諭」を付したものとなっている。こうした宗教と非宗教の微妙なバランスの上に成り立った様式には、政治の世俗化の行き過ぎで生じた弊害をカバーし、しかも世俗化に矛盾しないように配慮しながら、非宗教という名目を保ちつつ宗教的強制力を統治の正当化に利用することを試みてきた一八八〇年代の諸政策との共通性が見られる。

なお、この共通性は偶然ではなく、憲法制定の中心にいた伊藤博文や井上毅の意図が如実に反映された必然的結果である。例えば、伊藤は、一八八八（明治二一）年六月の憲法制定会議席上で、憲法起草の目的を次のように説明している。

今憲法を制定せらるるに方《あたつ》ては、先づ我国の機軸を求め、我国の機軸は何なりやと云ふ事を確定せざるべからず。機軸なくして政治を人民の妄議に任す時は、政《まつりごと》其統紀を失ひ国家亦《ま》た随つて廃亡す。…欧州に於ては憲法政治の萌せる事千余年、独《ひと》り人民の此制度に習熟せるのみならず、又た宗教なる者ありて之が機軸を為し、深く人心に浸潤して人心此《ここ》に帰一せり。然《しか》るに我国に在ては宗教なる者其力微弱にして一も国家の機軸たるべきものなし。仏教は一たび隆盛の勢を張り、上下《しょうか》の人心を繋ぎたるも、今日に至ては已《すで》に衰替に傾きたり。神道は祖宗の遺訓に基き之を祖述すと雖《いえど》も、宗教として人心を帰向せしむるの力の乏し。我国に在て機軸とすべきは独り皇室あるのみ（『伊藤博文伝』中巻）。

伊藤はこの演説で、憲法の目的とは人心を帰一させる国家の機軸（国家イデオロギー）を作ることにあり、本来ならば欧米と同じように宗教を機軸にしたいところだが、日本では仏教も神道も人心の統合に不十分であることがわかったので、それらに成り代わって皇室を機軸とするという持論を展開した。彼一流のレトリックによって、憲法の目的が実質的には国教の代替物の作成にあることを披瀝したことになる。

もっとも一方で、伊藤はあからさまな国教によって国家イデオロギーを定め普及させることのリスクを自覚していた。井上毅が一八八一年に伊藤に提出した意見書には、君主権力を制限し、立法権を人民に分かち、行政を担う宰相の責任を定めることが近代憲法の大主義であり、それなくして憲法の名に値しない。憲法の名に値しないものを発布すれば、世論が憤激し、フランス革命のような事態になるという警告が見られる（稲田正次『明治憲法成立史』上巻）。

こうした経緯を踏まえると、憲法が近代法でありながら、アマテラスによって天皇統治を正当化するレトリックを含む文書を附属させ、しかも宗教と非宗教の微妙なバランスの上に立つ様式を採ったことの必然性を明確に理解することができる。

また、帝国憲法の制定には、一八八〇年代を通して模索されてきた、非宗教的体裁をとって宗教的強制力を統治の正当化に利用する試みの定式化という意味合いがあるだろう。つまりは、憲法制定によって、国家イデオロギーを世俗的法によって規定する近代国家としての体裁（帝国憲法体制）がいちおう確立した。同時に、政府が、明治初期の神道国教化政策以降、統治の正当化を目的として運用しながら、その宗教シンボルとしての性質ゆえに当初の目的に反するリスクを次々と生じさせてきたアマテラスを有効な政治シンボルとして飼い馴らす方法論がようやく定まったといえる。

政治シンボルとしてのアマテラスの受容

ここで視点を変えて、近代天皇制の政治シンボルとしてのアマテラスが、政府外の人々にどのように受容されたかを考えてみよう。

前章でも少し触れたように、前近代において、アマテラスは、神仏習《しんぶつしゅう》合《ごう》の教説を通して巷間《こうかん》に普及した。そのため、記紀神話から逸脱した多様な解釈がなされていた。

例えば、前近代のアマテラスは、そのイメージやジェンダーすら一定ではなかった。基本形は、記紀神話を典拠とした女神像だったが、その他にも、法華三十番神説に基づく男神像や金剛証寺が広めた童子形の雨宝《うほう》童子など、多岐にわたっていた（鳥羽重宏「天照大神の像容の変遷について」）。なお、安政大地震の作者不詳の鯰絵《なまずえ》《地震のまもり》の中にも男神像としてのアマテラス（図15）が見られる。中世には、両部神道の教義に基づいて、伊勢神宮に内宮《ないくう》と外宮《げくう》があることやスサノヲに対峙したアマテラスが異性装する記紀神話のエピソードを典拠とした両性具有説が唱えられた。僧侶の通海《つうかい》が執筆した『大神宮参詣記』には、アマテラスは蛇体であるという説さえ見られる。

図15　作者不詳《地震のまもり》(埼玉県立歴史と民俗の博物館所蔵)

一方、現代のわたしたちが思い浮かべるアマテラスのイメージは、決して以上に挙げたほどにヴァリエーション豊かなものではない。完全に一定にはならないにせよ、わたしたちにとってのアマテラスのイメージは、皇祖神であり女神であるという、近代天皇制の政治シンボルとしてのイメージをベースとしたものの外側に逸脱することはほぼない。こうした状況は、政治シンボルとしてのアマテラスが日本社会に曲がりなりにも定着したこと、この社会が今なお天皇制下にあることの証である。

ところで、この定着は、いつ頃どのようなプロセスで起こったのだろうか。この難問にいちおうの回答を出すために、アマテラスを描いた絵馬のイメージを分析してみよう。絵馬を分析するのは、それが前近代から現代まで一貫して民間信仰の場で用いられており、全国的に一定して「天の岩戸」を主題とする傾向があるために、民衆のアマテラス観の歴史的変遷を定点観測的に分析するのに便利だからである。なお、今回は、福岡市で作成された絵馬の事例を中心に用い、地域偏差を修正するために適宜、他の地域の事例を参照する。

幕末期から昭和期にかけて全国的に描かれた「天の岩戸」の絵馬では、アマテラスはほぼ一貫して女神として描かれ、しかも、アマテラスが岩戸に隠れてしまい世界が暗くなったところに、彼女が再登場し再び世界が明るくなるというシーンが定型的に選択された。こうした定型が長らく好まれているのは、多くの人々が天の岩戸神話に象徴的に描かれた死と再生への物語を読み変え、アマテラスに農作物の豊穣や所願成就の現世利益願望を仮託したからだろう。

さて、この定型を時系列的に辿って行くと、岩戸から出てくるアマテラスの取り扱い方

図16　絵馬《天の岩戸図》（1830年、山神社所蔵）

図17　絵馬《天の岩戸図》（1842年、横山神社所蔵）

図18　石窟幽居（『伊勢参宮名所図会』巻之5より）

が、ある時点で大きく転換することがわかる。

　幕末期には、山神社蔵《天の岩戸図》（一八三〇〈文政一三〉年、図16）や横山神社蔵《天の岩戸図》（一八四二〈天保一三〉年、図17）に見られるように、記紀神話の記述を典拠として、アマテラスがタヂカラオによって無理やり岩戸から引っ張り出される様が描かれた。なお、この傾向は、全国的に流布したと考えられる『伊勢参宮名所図会』（一七九七〈寛政九〉年、図18）や三代目歌川豊国《とよくに》《岩戸神楽乃起顕》（一八四〇〈天保一一〉年）にも見られるので、福岡限定のものだったわけではない。

　また、同様の傾向は、鳥飼八幡宮蔵《天の岩戸図》（一八八〇〈明治一三〉年、図19）、吉

図19　絵馬《天の岩戸図》(1880年、鳥飼八幡宮所蔵)

図20　絵馬《天の岩戸図》(1885年、吉備津神社所蔵)

図21　絵馬《天の岩戸図》（1893年、元岡八坂神社所蔵）

図22　絵馬《天の岩戸図》（1923年、白山神社所蔵）

備津神社蔵《天の岩戸図》(一八八五〈明治一八〉年、図20)に見られるとおり、神道国教化政策に基づいてアマテラスが政治シンボルとして用いられた明治期以降にも存在し続けた。それが一転、憲法制定の頃には見られなくなる。

代わりに定型となったのが、元岡八坂神社蔵《天の岩戸図》(一八九三〈明治二六〉年、図21)や白山神社蔵《天の岩戸図》(一九二三〈大正一二〉年、図22)のような、タヂカラオの力を借りず自発的に岩戸から外に出てくるアマテラスのイメージである。特に後者の例では、アマテラスの背後から強烈な光が放射状に展開し、人々が彼女にいっせいにひれ伏す様が描きこまれており、天皇統治の正当性を支えるアマテラスの絶対的権威を感じ取らせるための工夫がなされている。

この転換点は、政治シンボルとしてのアマテラスが憲法制定の頃になってようやく民衆の間に定着したことを表わしている。

ところで、転換点前後の作例比較からは、政治シンボルとしてのアマテラスの受容が、アマテラスの絶対的権威を確立させた一方で、前近代までにあった民衆のアマテラスに対する自然な信仰心を毀損した可能性が見えてくる。仮に、転換以前の定型に見られたタヂカラオを、アマテラスに直に触れその神通力を能動的に引き出す存在であり、民衆の信仰心を集約したシンボルであると捉えるならば、転換以後に起こったタヂカラオの消去には、明治維新からこの転換に至る民衆のアマテラス観が身近な信仰対象から敬して遠ざける存在へと変容する軌跡を見出せるのではなかろうか。

せめぎあうアマテラス

民衆の間で政治シンボルとしてのアマテラスが定着するまでに、神道国教化政策の開始から憲法制定に至る二〇数年間に及ぶタイムラグがあったことは、この受容が決してスムーズにいかなかったことを物語っている。

このタイムラグの原因は、一義的には、本章で見てきたように、アマテラスを政治シンボルとしてどう扱うかをめぐって政府内部で紆余曲折があったためだが、それだけではない。政府によるアマテラスの政治シンボルとしての運用が、政府によるアマテラス解釈を正統説として押し付け、すでに民衆の間に存在していたアマテラス解釈を異端として排除したために、アマテラスの意味解釈（と同時に、政府の統治の正当性の是非）をめぐるせめぎあいを不可避的に生じさせたことも大きく影響したと見るべきだろう。

例えば、一八七〇年代前半に行われた伊勢神宮大麻《たいま》の強制配布の際に各地で生じた混乱や反発は、この観点を踏まえて改めて見ると、宗教衝突の現われであると同時に、アマテラスの解釈をめぐる官民のせめぎあいの事例として捉えることができる。

図23　新潟の新政反対一揆（一惠斎芳幾『東京日々新聞』50号、東京都江戸東京博物館所蔵）

また、これと平行して、一八七〇年代から八〇年代には、政府が近代化政策によってアマテラスの宗教シンボルとしての性質を抑制する傍《かたわ》らで、アマテラスが反政府運動を正当化する政治シンボルへと逆用される事態が生じた。

例えば、一八七二（明治五）年に新潟で起こった新政反対一揆では、三万人の民衆がアマテラスの名とともに「徳川家恢復」「奸賊征伐」を大書した旗を掲げて蜂起した（図23）。

さらに同じ年には、高天原《たかまがはら》の使者を自称する御岳《みたけ》行者が皇居大手門に侵入し、維新の撤回を天皇に直訴するという事件が発生した（安丸良夫・宮地正人編『宗教と国家』）。一八八〇年代半ばから九〇年代には、かつて神道国教化政策の裾野で活動していた元神官が中心となって、独自の「アマテラスの明教」に基づき、一八八〇年代初頭の松方財政に伴う農村窮乏に際して、この苦境の元になっている貧富や身分の差別を払拭するために、すべての国民が平等にあらゆる事物を共有する理想の神代社会への復古を訴える神代復古運動が全国的に展開された（松本博「自由民権期における『世直し』運動」）。

これらの事例には、幕末における「世直し」のアマテラスの名残を見ることができる。ただ、政府の統治政策を批判する一方で、いずれも天皇への崇敬を前提としていることから、明治政府が政治シンボルとして再編したアマテラスに真っ向から対立するものというよりは、それを取り込み、天皇統治の正当性を承認したうえで、逆用した事例と見た方がよい。とはいえ、こうしたアマテラスの対抗的流用は、政府とその政治シンボルとしてのアマテラスとを切り離し、政府の統治者としての正当性に疑義を差し挟むことになった。またこれは、宗教シンボルとしての性質を抑制された、政府の政治シンボルとしてのアマテラスの正当性に疑義を突きつけることにも繋がっていただろう。

そのため、これらの事例はいずれも検挙の対象となった。特に、組織的に展開された神代復古運動は、政府によって、社会秩序に敵対する危険な結社と認定され、再三にわたって結社禁止命令が出されるなど、徹底的に弾圧された（鶴巻孝雄『近代化と伝統的民衆世界』）。

なお、「世直し」のアマテラスの系譜は、この運動の弾圧後にも、「世直し」の教義を持つ大本教《おおもときょう》などに受け継がれ続けた。政府は大本教に対し、一九二一（大正一〇）年と一九三五（昭和一〇）年に弾圧を行い、この系譜の根絶やしを図ったが、その試みは決して成功しなかった。また、一九四五年の敗戦が、政治シンボルとしてのアマテラスを凋落させたのとは対照的に、「世直し」のアマテラスの系譜は天照皇大神宮教《てんしょうこうたいじんぐうきょう》（踊る宗教）の流行という形をとってしぶとく引き継がれた。

ところで、アマテラスが政治シンボルとして巷間に普及することは、原則的には、天皇統治を正当化する国家イデオロギーが巷間に普及することを意味している。しかし、誰しもが無条件に政府の意図を完璧に読み取ったうえで政治シンボルを解釈できたわけではない。また、政府が公認する解釈も必ずしも一様ではなかった。したがって、以上に挙げたような反政府的意図を持った対抗的解釈は極端な例であり大勢を占めることはなかったにせよ、しばしば、政府の意図とはズレた異端の解釈が生じることは避け得なかった。政府もまた、統治の正当性を揺るがす危険性のある解釈に対しては容赦ない弾圧で臨んだが、統治に影響の少ないものと判断すれば、異端であっても放置し、統治の強化に繫がるものは明に暗に利用する姿勢で臨んだ。

だから、帝国憲法体制の確立によって政治シンボルとしてのアマテラスを非宗教化しながら運用することが定式化した後にも、巷間には政府内外の別なく、この定式を軸としつつ、ここから逸脱する複数の解釈や運用法がせめぎあいながら並存する状況が残存した。そして、次章で論ずるように、こうした状況が、結果的に官民における政治シンボルとしてのアマテラスの野放図な運用を生み出す素地となり、昭和前期には、帝国憲法体制の正当性を支えるはずのアマテラスが、逆に帝国憲法体制を逸脱する政治行動の正当化原理として利用される事態が生じるのである。

せめぎあう解釈

政治シンボルの暴走へ

帝国憲法体制の亀裂——政治シンボルのリスク、再び

『国体の本義』におけるアマテラス

一九三七（昭和一二）年五月、政府は文部省の編集による『国体の本義』を刊行・頒布し、来るべき総力戦体制を正当化すべく国家イデオロギーの再編を行った。

この本は、アマテラスを機軸として、今後の日本が採るべき理想の国体とその正当性を提示し、この国体を実現させるために、国体に対する異端の解釈を生じさせる恐れのある欧米流の個人主義や自由主義、民主主義思想の徹底的排除を求め、天皇に絶対の忠誠を尽くすことこそ国民の義務であると説いた。

我が国は、天照大神の御子孫であらせられる天皇を中心として成り立つてをり、我

等の祖先及び我等は、その生命と活動の源を常に天皇に仰ぎ奉るのである。それ故に天皇に奉仕し、天皇の大御心《おおみごころ》を奉体することは、我等の歴史的生命を今に生かす所以《ゆえん》であり、ここに国民のすべての道徳の根源がある。

忠は、天皇を中心とし奉り、天皇に絶対随順する道である。絶対随順は、我を捨て私を去り、ひたすら天皇に奉仕することである。この忠の道を行ずることが我等国民の唯一の生きる道であり、あらゆる力の源泉である（『国体の本義』）。

以上の引用からは、アマテラスがここで示された国体の理想像を正当化する政治シンボルとして用いられていることがわかる。また、国体の中心に位置付けられた天皇権威を絶対化するため、特にアマテラスの宗教シンボルとしての性質があからさまに強調された。

天皇は、常に（アマテラスの御霊代としての）御鏡をいつきまつり給ひ、大神（アマテラス）の御心をもつて御心とし、大神と御一体とならせ給ふのである。而《しか》してこれが我が国の敬神崇祖の根本である。…かくて天皇は、皇祖皇宗の御心のまにまに我が国を統治し給ふ現御神《あきつみかみ》であらせられる（同前）。

つまり、天皇がアマテラスに対する崇拝を通して日々アマテラスと一体化していると説き、天皇を「現御神」（現人神《あらひとがみ》）として神格化したのである。

合わせて、この本では、天皇に対する国民の絶対的忠誠を現実化するために、天皇のアマテラス崇拝を模範とした「敬神崇祖」（祖先崇拝）を国民に義務付けた。

天皇は、常に皇祖皇宗を祀り給ひ、万民に率先して祖孫一体の実を示し、敬神崇祖の範を垂れ給ふのである。又我等臣民は、皇祖皇宗に仕へ奉つた臣民の子孫として、その祖先を崇敬し、その忠誠の志を継ぎ、これを現代に生かし、後代に伝へる。かくて敬神崇祖と忠の道とは全くその本を一とし、本来相離れぬ道である（同前）。

つまり、祖先崇拝は、国民がかつて天皇の祖先に忠義を尽くしたみずからの祖先と一体化することであり、結果的に、天皇に対する国民の忠誠心を作り出す。だから祖先への孝行は、天皇への忠義と一致するという理屈（忠孝一本）である。ここの部分は、明治初期の神道国教化政策で検討された、会沢正志斎《あいざわせいしさい》や大国隆正《おおくにたかまさ》による民心統合のプランをベースにしたものといえる。

加えて、ここでは、日本の国体は、皇室を宗家とする「一大家族国家」であるという主張がなされ、天皇と国民の関係性は、君主と臣下に止まるものではなく、親と子のように自然かつ強固であるとされた。この部分は、明治末期に法学者穂積八束《ほづみやつか》によって体系化された家族国家観に基づく官制国体論（後述）がベースになっている。

さらに、この本は、理想の国体の実現を阻む個人主義や自由主義、民主主義思想を「穢《けが》れたる心」と非難し、日々の祖先崇拝や神社祭祀をとおしてこれを祓《はら》い去り、ひたすら天皇と国家の意志に帰一する「明《あか》き清き心」へと復帰することを勧めている。

明き清き心は、主我的・利己的な心を去つて、本源に生き、道に生きる心である。即ち君民一体の肇《ちょうこく》国以来の道に生きる心である。こゝにすべての私心の穢《けがれ》は去つて、明き正しき心持が生ずる。私を没して本源に生きる精神は、やがて義勇奉公の心となつて現れ、身を捨てて国に報ずる心となつて現れる。これに反して、己に執し、己がためにのみ計る心は、我が国に於ては、昔より黒《きたな》き心、穢れたる心といはれ、これを祓ひ、これを去ることを努めて来た。我が国の祓は、この穢れた心を祓ひ去つて、清き明き直《なお》き本源の心に帰る行事である（同前）。

この主張には、明治末期に古神道（後述）を提唱した法学者筧克彦《かけいかつひこ》や、禊祓《みそぎはらえ》の普及活動を行った宗教家川面凡児《かわづらぼんじ》の影響が強く見られる。ここでは曖昧な記述になっているが、筧の議論ではこの「清明心」はアマテラスによって象徴されていた。また彼は、「清明心」を取り戻す修練として、岩戸開きや天孫降臨をモデルとした独自の儀礼を開発していた（後述）。

要するに、ここでは、体制を正当化するためにアマテラスが政治シンボルとして用いられただけでなく、その宗教シンボルとしての性質が大々的にフィーチャーされていたことがわかる。まるで神道国教化政策の時代に逆戻りしたかのように、現人神としての天皇および「神ながらの政治共同体」が国家の理想として打ち出されたのである。

ところで、わたしたちは、前章において、帝国憲法体制では、近代国家としての体裁を整え、体制の正当性を揺るがしかねない政治シンボルのリスクを飼い馴らすために、アマテラスの宗教的性質が抑制されたことを確認した。

政治シンボルの濫用と天皇権威の濫用

政治シンボルの抑制は、おのずとそれが正当化する天皇権威の抑制に結び付き、逆に政治シンボルの濫用は、天皇権威の濫用に結び付く。伊藤博文《いとうひろぶみ》や井上毅《いのうえこわし》らにとって、天皇権威の濫用は、二つのリスクを生み出すものとしてあらかじめ戒められるべきものだった。

第一のリスクは、体制が専制政治に堕すリスクである。先にも見たように、彼らは、自由民権運動の盛り上がりを目の当たりにして、民衆の意志や権利を無視した専制政治が世論の憤激を招き、フランス革命のような非常事態を引き起こすことを恐れた。

このリスクを避けるために、彼らは帝国憲法に、「天皇は国の元首にして統治権を総攬し此の憲法の条規に依り之を行ふ」（第四条）とする法治原則の確認条文を入れている。また、憲法発布直後に、伊藤は、事実上の公式解説書『憲法義解《ぎげ》』を井上らに執筆させ、この条文には天皇が統治権を総攬するという主権の体（本質）のみを尊重して法治原則という主権の用（運用）を無視することで生ずる専制のリスクを制限する意味があると説明した。

第二のリスクは、法によって統治権の正当性を保証された現政権の頭越しに、絶対化された天皇を担ぎだす対抗勢力が登場し政権を簒奪するリスクである。彼らは、一八七〇年代末に、侍補《じほ》の元田永孚《もとだながざね》らによる天皇親政運動に直面した経験があり、このリスクを知悉《ちしつ》していた。また、その経験がなくとも、彼らは天皇を「玉《ぎょく》」として担いだクーデターで政権を獲得したわけで、こうしたリスクを常に意識しないわけにはいかなかっただろう。

実際、一八八六（明治一九）年四月に布告された「公文式」では、法律勅令は内閣が起草し内閣総理大臣の副署が備わって初めて公式のものになると規定された。天皇権威が一人歩きしたり、政府以外の権力と結び付き得る超越性を持ったりすることのないように、あらかじめ規制をかけたのである。

一方、『国体の本義』では、以上に挙げたようなリスクを想定した天皇権威の制限が行われるどころか、制限を否定する文言すら表わされた。

例えば、『国体の本義』は、君主国における近代憲法の原則が君主と民衆の協約によって君主権力を制限するものであることに対して、帝国憲法はアマテラスの「天壌無窮《てんじょうむきゅう》の神勅」を基礎とする「皇祖皇宗の遺訓」をまとめたものであるため、この原則に該当しないとした。

また、伊藤らが法治国家の原則として重視した第四条については、重要な後半部をあえて無視し、天皇がこの国の統治者であることを定めた第一条を詳しく説明したものであり、天皇が国家の統治権の主体であることを定めた条文であるとした。そして、第四条に基づいて天皇権威を制限し、統治権の運用における政府や国会の一定の権限を認めた、いわゆる「天皇機関説」を痛罵した。さらに、こうした主張を根拠付けるために、天皇がアマテラスと一体化した現御神《あきつみかみ》であることを挙げ、第三条の「天皇は神聖にして侵すべからず」はこれを明示したものであるとした。

つまり、『国体の本義』からは、日中全面戦争を目前とするこの時期に、帝国憲法体制の正当化を第一目的とした政治シンボルに対する抑制が緩み、逆にそれが帝国憲法体制を解体へと導くような事態が生じていたことを読み取ることができる。

事実、『国体の本義』は、帝国憲法体制に拠る政党政治の打倒を目的として、軍部や官僚・右翼・野党政友会などが政党政治の正当性を支える天皇機関説を排撃するべくキャンペーンを張り、政府に機関説否定の公式声明を出させるに至った、「天皇機関説事件」の成果を定式化するために刊行された。当時、この事件の調査を担当した検事、玉沢光三郎は、この事件には、政府方針を逆転させた「合法無血クーデター」としての意味があったとしている（「所謂『天皇機関説』を契機とする国体明徴運動」）。

では、このような事態はいかなるプロセスで生じたのか。以下、これを具体的な事例に沿って検討していくことにしよう。

帝国憲法体制の亀裂

一八八九（明治二二）年二月一一日、明治天皇の意向を受け、紀元節の日を選んで帝国憲法が発布された。当日の東京はあいにくの雪模様だったが、憲法発布を祝すために総計一〇七本にも及ぶ山車《だし》が街中に繰り出し（中には神武天皇の山車もあった）、いくつもの祭りが重なったかのような盛況を見せた。在京のドイツ人医師ベルツが日記に皮肉交じりに書いたように、ほとんどの民衆は、憲法の内容を詳しく知らないままに、その発布を好意的に受け止めた。街の至る所で、文部大臣森有礼《もりありのり》が祝意を表するための掛け声として新しく発案した「万歳」の声が高らかに叫ばれた

(松本三之介編『強国をめざして』)。

これだけを見ると、帝国憲法体制は順風満帆のスタートを切ったかのように思われるが、その実、この体制はスタートから亀裂の予兆を呈していた。

森文相が憲法発布の式典に参内する途上、神官の息子で勤皇家の二五歳の青年、西野文《にしのぶん》太郎《たろう》に刺殺されたのである。西野の胸に秘められていた「森有礼暗殺主意書」には、彼がここに至った理由として、森が伊勢神宮を冒瀆したことに対する雪辱が挙げられているほか、欧米文化を積極的に取り入れ「文明開化」を称呼する近代化政策への不満が縷々《るる》述べられていた。

一八八五年に文部大臣に就任して以来、近代的教育制度を確立するために次々と改革を打ち出していった森に対する風当たりは強かった。特に、森が導入した小学校教科書の検定制度は、キリスト教徒の森がこれを機にキリスト教を国教として定めるのではないかという風評を生んだ。もっとも、この風評は根も葉もないものだったが、神道関係者の不信を煽った。加えて、森が、内務省が所管し神宮司庁が作製を担当していた暦を文部省の業務へと移管して大学で作るようにし、神官たちの有力な収入源を奪ったことも、神道関係者の不満を醸成させた。それが影響したのか、森が伊勢神宮参拝の際、拝殿に靴のまま上がり、ステッキで御簾を持ち上げたという噂が立つようになった（同前）。西野の「暗殺主意書」に伊勢神宮への冒瀆が挙げられていたゆえんである。

森が伊勢神宮で実際にそのような行為に及んだかどうかは問題ではない。問題は、西野がこの体制の政治シンボルであるアマテラスを用いて、この体制を担う政府要人の暗殺を正当化し得たということにある。政府はすでに神道国教化政策を放棄していたが、その影響はまだ根強く残っていた。アマテラスを主神とする国教を奉じ、天皇を神あるいは最高祭主と仰ぎ、「神ながらの政治共同体」の実現を理想とする一定の勢力が育っていた。そして、その勢力の一部は政府内部にも根を張っていた。伊藤内閣で農商務大臣を経験した谷干城《たにたてき》は、森暗殺事件の報を聞いて、西野の言い分に賛意を唱える文句を日記に書き付けている（『谷干城遺稿』上）。

この事件は、つまり、帝国憲法体制に基づく政治シンボルの馴致《じゅんち》の失敗を意味していた。

久米邦武事件

同様の事態は、一八九二（明治二五）年に起こった久米邦武《くめくにたけ》（図24）の筆禍事件にも見られる。この事件は、文科大学（現東京大学文学部）教授久米邦武が執筆した、神道の宗教学的位置付けを論じた学術論文「神道は祭天の古俗」

図24　久 米 邦 武

（『史学会雑誌』九一年一〇月号〜一二月号）を田口《たぐち》卯吉《うきち》が取り上げ、神道家への挑発を含んだ文句とともにみずからが主宰する『史海』第八巻（九二年一月）に転載したことで起こった。これに対し、「伊勢神宮および宮中賢所に祀られている神はアマテラスではなく『天』であり、三種の神器は天を祭る祭具である」とする久米の説は国体を毀損するものであるという、猛烈な抗議キャンペーンが生じたのである。『史学会雑誌』『史海』の両誌は発行停止、久米は辞職に追い込まれた。

久米事件については、一般的には科学的な歴史研究に対する思想弾圧と捉えられがちであり、そうした面があったことは否定し得ないが、だからといって、久米が科学的知見に立ち、アマテラスを侮蔑し国体を毀損することを意図してこれを書いたというわけでもない。

久米の意図は天皇統治の正当性を否定することにあったわけではない。彼が「神道は宗教ではない」とし、アマテラスを「天神」と呼び、神社を「祭天の堂」と呼び、三種の神器を「祭天の祭具」としたのは、アマテラスおよび神道を非宗教化し、それらを政治の世俗化を志向する近代国家の機軸に相応しい、合理的な統治手段として鋳直す狙いがあったと見ていい。

なお、久米批判キャンペーンの主戦場となった雑誌『国光』は、八九年八月に政府の肝煎りで創刊された教化雑誌で、神社神道を他の宗教から卓越した「国家の祭祀」に格上げし、将来的には神祇官（つまり神道国教化政策）の再興を目指す政府内外の勢力と深く結び付いていた（宮地正人「近代天皇制イデオロギーと歴史学」）。

だから、久米とその批判者の目指すところは、極端に異なっていたわけではない。しかし、そうだとしても、アマテラスの取り扱いは腫れ物に触るように慎重を期すべきものだった。帝国憲法体制においては、神道国教化政策におけるアマテラス観と近代化政策以降におけるそれが対立したまま並存していた。そのために、アマテラスが、体制の正当化に不可欠な政治シンボルでありながら、扱い方次第でそれを破壊する存在に成りかねない諸刃の剣になってしまっていたのである。

帝国憲法は、確かに政治シンボルと国家イデオロギーとを定式化したが、それらの解釈までは規制できなかった。折しも一八九〇（明治二三）年に国会の開設が予定されていたこともあり、政府は、国民が憲法を思い思いに解釈し国会内外における反政府的言動の正当化に用いる事態を恐れた。

『憲法義解』と教育勅語

憲法発布の翌日一二日には、黒田清隆《くろだきよたか》首相が各地方長官を鹿鳴館に招き、「憲法が発布され、国会が開設されようと、政府は国民を代表する政党の意見に左右されず超然とした立場を維持する」と宣言した。さらに一三日には、伊藤博文が各府県知事を前に演説し、「この国家の主権は天皇の『玉体』に集合するもので君主は政党の影響外にあり、政府の政策が一定の党派の利害に左右されたり、政党が内閣を組織したりするようなことは避けられねばならない」とした（三宅雪嶺『同時代史』第二巻）。

また、同年四月には、『憲法義解』を出版し、政府公認の正統な憲法解釈を提示した。ここでは、憲法第一条「大日本帝国は万世一系の天皇之を統治す」では曖昧にされていた天皇統治の正当性根拠がアマテラスの「天壌無窮の神勅」にあると明示された。また、天皇の統治権があらゆる世俗の権力から超然とした立場にあることを説明するため、太陽神であるアマテラスを思わせる比喩が取り入れられた。

元首の大権は憲法の正条を以て之を制限するの外及ばさる所なきこと宛《あたか》も太陽の光線の遮蔽の外に映射せざる所なきが如し（伊藤博文『憲法義解』）。

この記述に、政治シンボルとしてのアマテラスとの一体化によって天皇統治を絶対化する狙いがあることは疑うべくもない。ただし、伊藤は、ここにアマテラスという神名を書き込み天皇をあからさまに神格化することを自制している。それをすれば、彼が憲法第四条で意図した天皇権威の抑制が崩れ、帝国憲法体制の崩壊のリスクを招いてしまうからだろう。

同年一二月には、首相に就任した山県有朋《やまがたありとも》が、国会で政府と政党、あるいは政党同士の政論が戦わされ国内の人心が乱れることを憂慮して内務大臣に就任し、各府県知事に対して、国民が偏《かたよ》った思想に陥らないよう適当な道徳規範を示すべきことを訓示した。この訓示を受け、中村正直《なかむらまさなお》や元田永孚の協力の下に、井上毅が最終的に取りまとめ、九〇年一〇月になって発布されたのが「教育勅語」である。

勅語の内容は、父母への孝行、兄弟・友人・夫婦間の融和などといった儒教道徳をベースとし、学を修め、技能を身に付け、知能を啓発し、人徳を高め、公益を広めよ、憲法を重んじ、国家の法律に従えなどといった近代国家の世俗的道徳を啓発するものだった。そして、国民各人が忠孝の精神を軸に心を一つにすることを呼びかけ、道徳の最終目標として、国家に危機があれば、一身を捧げて「天壌無窮の皇運」を助けることと呼びかけた。また、この勅語は憲法同様に「皇祖皇宗の遺訓」であるとされた。

ここに「天壌無窮」「皇祖皇宗」の語が書き込まれていることから、政府がこの勅語に基づく道徳規範に強い正当性を付与するために、アマテラスを政治シンボルとして用いたことがわかる。

ただ、ここでもアマテラスの神名をあからさまに書いたり、道徳を国教として提示したりすることは避けられた。取りまとめ役を担った井上毅が、宗教的要素を入れれば宗教上の争いを招く元になるとして戒めたためである。

もっとも、教育勅語は程なくして事実上の国教経典のような役割を担うようになっていく。九一年四月には、「小学校準備規則」によって、あらゆる小学校の校舎に天皇および皇后の「御真影」（肖像）とともに教育勅語を設置することが定められ、同年一一月には文部省の訓令でこれらを「最も尊重」して設置することが義務付けられた。御真影と教育勅語とが、あたかも宗教シンボルであるかのように位置付けられたのである（山本信良・今野敏彦『近代教育の天皇制イデオロギー』）。

「シズム」の時代のアマテラス――官制国体論と民間国体論の相克

帝国憲法体制に立つ政府は、統治の障害になるリスクを恐れて、宗教のあからさまな政治利用を避けた。体制の正当化や教化政策のためにアマテラスや神道を利用する際には、これらを非宗教として位置付けるレトリックを工夫した。

「シズム」の時代

ところが、日露戦争後に起こった社会の大変化は、方針転換を余儀なくさせた。橋川文三は、この変化を「精神的な大亀裂（シズム）」と名付け、この時期に「何かが、巨大なかげりのようなものとして日本人の心を横切り、それ以前とは異なった精神状態に日本人をひき入れた」とした（『昭和維新試論』）。

この時期に起こった社会変化の第一は、国家目標の喪失である。日本は、日露戦争の勝利で、曲りなりにも欧米と肩を並べる「一等国」にのし上がり、明治初期以来の国家目標を実現させた。民衆は勝利の快感とともに「一等国」の国民としての自意識を醸成させていった。しかし、国家目標の達成は、国民動員に必要な共通目標の喪失に繫がってもいた。そのため、国民の間に国家を軽視する風潮が広がった。しかも、国民の間には戦争で課せられた徴兵や重税・献金などの重い負担のせいで政府に対する不満が蓄積されていた。一九〇五（明治三八）年九月には、その不満が、賠償金なしの日露講和に反発した国民による「日比谷焼き討ち事件」となって噴出するに至った。

変化の第二は、資本主義化の進行である。戦中・戦後を通じて、金融資本の企業支配、財閥の企業掌握が促進され、近代的労務体制が採用された。それは一方で、工業生産力の上昇に繫がったが、他方で、労資関係の動揺や不安定をもたらし、労働争議や暴動が頻発し、社会問題化した。また、社会主義思想が、資本主義の矛盾に苦しむ人々の心を捉え始めた。

資本主義化に伴って、農村の青年たちが都市へと流出し、農村共同体は崩壊の危機に瀕した。国民の大多数が農民だった当時にあって、農村共同体の崩壊は、国家の基層の崩壊であり、国家そのものの崩壊に繋がりかねない事態を意味した。

変化の第三は、以上の変化を背景として、個人主義思想が普及したことである。日露戦争後には、「成功」が流行語となった。国家目標なき状況にあって人々をひきつけるものは、国家社会のための「立身出世」ではなく、自己の「成功」だった。同時に、個人の「成功」の障害となる旧《ふる》い価値観を破壊し、個の解放をうたう自然主義文学が人々の心を捉えた。これに連動して、既成秩序に異議を唱える社会主義思想への共鳴者も増加した。また、個の尊重は、精神修養や宗教への関心の社会的高まりに繋がり、神秘主義へと没入する者も増えた。

もっとも、個の解放はいい事ばかりではない。個を守る共同体のセーフティーネットの消失が、人々を苛酷な生存競争に引き込み、自己の将来に対する強い不安を植え付けた。そのため、特に青年層を中心に、煩悶や厭世、自殺やノイローゼの傾向が広がり、将来を諦めた青年は次々と堕落し無気力状態に落ち込んでいった。

また、急速な資本主義化は、肺結核・近眼・神経衰弱といった近代的疾病の患者数を青年に限らず著しく増大させた。その治療法として、怪しげな疑似科学や病気治しの新興宗教が次々と現われた。

橋川文三が「何か」と表現したものの正体とは、つまり、以上に挙げたような社会変化と連動した規範秩序の瓦解を予感させる「漠然とした不安」である。この不安に対しては、政府も、民間も、民衆も、世俗的な法や制度では対処しきれず、人智を超えた（宗教的な）神通力に救いを求め出した。

ゆらぐ天皇統治

さらに、「シズム」は、天皇統治の正当性を支える国家イデオロギーや政治シンボルに深刻なダメージを与えた。

第一に、日露戦争後、公然と天皇統治を否定する社会主義者や無政府主義者の動きが活発化した。政府は、一九〇七（明治四〇）年二月に、日本社会党に結社中止を命じ、社会党大会の記事を掲載した『平民新聞』の発行を禁止した。こうした弾圧は運動の激化を招き、同年一一月三日の天長節（天皇誕生日）には、サンフランシスコの日本総領事館正面玄関に「ザ・テロリズム」と題した檄文が貼り出された。

この檄文は、「無政府党革命党暗殺主義者」を名乗る著者が、天皇に対して「日本皇帝睦仁《むつひと》君」と親しげに呼びかける形式で書かれたもので、天皇統治の正当性を支える神武天皇の存在を、「彼は『神の子』ではなく暴威をもって日本を占領した残忍・酷薄な暴君である」と誹謗し否定した。また、その末尾では、「天皇を倒すための爆弾がもう側に迫っている」と挑発した。

これを見た政府首脳は、強い危機感を覚え、社会主義・無政府主義に対してますます徹底的な弾圧方針をもって臨むようになった。一九〇八年六月には、「無政府共産」「革命」などの標語を記した赤旗を掲げてデモを行おうとした大杉栄《おおすぎさかえ》や荒畑寒村《あらはたかんそん》などの活動家が検挙された（赤旗事件）。弾圧の様相はその後さらに深刻になり、一九一〇年には、いわゆる大逆事件が起こる。政府は、天皇暗殺のために爆裂弾を作製した一活動家の検挙を契機として、幸徳秋水《こうとくしゅうすい》・管野《かんの》スガなどによる全国規模の天皇暗殺計画団の存在をでっちあげ、大逆罪容疑で検挙し、活動家を根絶やしにしようとしたのである。

第二に、天皇統治を正当化する国家イデオロギーをめぐる学界の議論に分裂が生じた。例えば、この時期には、憲法解釈に深刻な分裂が起こった。

『憲法義解』を刊行した政府は天皇権威の濫用を恐れ、それを制限する方針を採った。国会開設後には、政府予算案に対する政党の強い抵抗を目の当たりにして、国会運営を円滑にするために政党を懐柔すべく、一木喜徳郎《いちききとくろう》を法律顧問として重用し、一九〇二年には桂内閣の法制局長官に任命した。そして、天皇権威を部分的に制限して議会と同質の「国家機関」と見なす一木の天皇機関説が、正統な憲法解釈として採用された（松尾尊兊『大正デモクラシーの群像』)。

ところが、一九一二年、一木の弟子で東大法科教授の美濃部達吉《みのべたつきち》が、機関説を一般向けにわかりやすく解説した『憲法講話』を刊行すると、彼の同僚の上杉慎吉《うえすぎしんきち》が「機関説は国体を毀損し天皇権威を貶《おとし》める『異端邪説』である」と批判し、「天皇は『国家の一機関』などではなく『国家の主権を持つ最高権力者』である」と反駁した。そして、両者が雑誌『太陽』を主な舞台として、国体の解釈の是非について公然と論争する事態になったのである。

上杉を支持したのは、上杉の師の穂積八束《ほづみやつか》と京大の井上密《いのうえひそか》に止まり、学界の大半は、科学的法理論を暴力的に押さえ込もうとする上杉説に反発を唱え、美濃部説を支持した。こうした状況を前に、政府は事態を完全に収拾することができず、わずかに美濃部に対し中等学校法制教科書の執筆委嘱を解くに止まった。以後、学界においては、後の「天皇機関説事件」に至るまで、一木・美濃部らの天皇機関説と穂積・上杉らの天皇主権説とに基づく二種類の憲法解釈が並存するようになってしまった。

さらにタイミングの悪いことに、一九一二年七月には明治天皇が死亡した。しかも、跡を継いだ大正天皇は明治天皇のカリスマ性を引き継ぐことができなかった。

政府は、天皇統治の正当性が徐々に崩壊してゆく「シズム」状況を睨《にら》みながら、これに歯止めをかけるため、アマテラスを政治シンボルとして積極的に運用し、国家イデオロギーの再編強化に乗り出してゆくことになる。

家族国家観に基づく官制国体論

一九〇八（明治四一）年九月、政府は、山県有朋《やまがたありとも》直系の桂内閣のもとで、国定修身教科書を「国民道徳の経典」とするための修正・編纂作業を開始し、一九一〇年三月には、その成果を凝縮させた『高等小学修身書新制第三学年用』を完成させた。文部省は、その翌月にはこれを学校教育から独立した成年教育向けの参考書として推薦した。

この官制国体論とでも言うべき「国民道徳の経典」の編纂を主導したのが、穂積八束（図25）である。かつて、穂積は、学界における自由な憲法解釈が天皇権に対する行き過ぎた制限に向かうことを恐れた井上毅《いのうえこわし》によって憲法解説書の執筆を依頼され、日本は「君主国体」であり「君主は固有の権力に依りて統治す」ることを明確化し、議会による天皇権の制限を否定した『憲法大意―国民教育』（一八九六年）を刊行してそれに応えた実績があった（三井須美子「家族国家観による『国民道徳』の形成過程（その六）」）。

また、関連書として『愛国心―国民教育』（一八九七年）を刊行しており、アマテラスを

図25　穂積八束

機軸とする家族国家観に基づく国家イデオロギー理論を体系化していた。

この本での彼の主張は、次のとおりである。日本国有の国体と国民道徳の基礎は「祖先崇拝」にある。なぜならば、日本民族は同一の始祖を敬愛することで共存団体を作り、祖先の威力に服従することで平和の秩序を維持する「血統団体」だからである。そして、すべての日本国民の祖先は「天祖」（アマテラス）である。だから、アマテラスは国民の始祖であり、皇室は国民の宗家である。父母は崇拝しなければならず、一家の祖先や一国の始祖はなおさらである。また、天皇は現世にいるアマテラスだから、父母に孝行すべきことと皇室に忠義を尽くすことは、「国教」である「祖先崇拝」によって一貫している。この大義は、わたしたちの祖先が国家を成立させた基礎であり、永遠に維持すべきものなのである——。

要するに、彼は、祖先崇拝による民心統合を構想した水戸学以来の議論に、アマテラスを全国民の始祖とする独特の家族国家観を重ね合わせ、天皇とアマテラスの一致を主張する神祇省時代の天皇観を加えることで、各家の祖先崇拝をアマテラス崇拝および天皇への絶対服従と一体化し、それを国民に義務付けることで、天皇統治の正当性を強化すると同時に、「シズム」の危機にある国家秩序を強化再編しようと考えたのである。

もっとも、穂積は、官制国体論にみずからの理論をそのまま盛り込むことはできなかった。例えば、「祖先崇拝」に対して用いられていた「国教」という表現は、宗教衝突や教義論争を引き起こさないように「我が国の美風」と非宗教的に言い換えられ、「各自の信教に拘らず重んずべき」とされた。天皇像も、アマテラスと一体化した現人神《あらひとがみ》ではなく、アマテラスから代々皇位を受け、帝国憲法体制によってその地位を保障された近代的立憲君主として位置付け直された。

アマテラスに対しては、「不敬」にならないように、慎重な扱いが要された。特に、彼の議論の要《かなめ》である、「アマテラスは全国民の始祖」という主張は、国民一般から切り離され聖別された天皇の地位の特権性を脅かしかねないリスクをはらんでいた。事実、この修身教科書の完成直後には、「皇室から細民に至るまで同一の祖先を持つ日本は家族国家である」とした教育学者の下田次郎《しもだじろう》が、与謝野晶子《よさのあきこ》にこれは皇室と下々の民の区別を無視した「不敬の詞」であると批判される事態が生じた（『女学世界』一九一〇年七月号）。修身教科書では、こうした危険性をあらかじめ回避するためであろう、「我が国民は概ね祖先を同じうし」という曖昧な表現が採られた。

以上のような配慮を行ったために、官制国体論は、穂積が当初意識し政府が期待したほどにストレートで強力なものにはならなかった。とはいえ、教部省時代の一八七三年以来、学校教育から排除されていたアマテラス崇拝が、非宗教的な「国民道徳」という形式をとって、祖先崇拝とともにカリキュラムに盛り込まれ、児童に対して天皇統治の正当性を刷り込む手段として定着することになった。第一学年では、天皇への忠義が教えられ、第二学年では、皇祖神アマテラスを祀った伊勢神宮への崇拝、みずからの祖先に対する崇拝の大切さが教えられ、第三・四・五学年で忠君愛国を呼びかけるエピソードが積み重ねられたうえで、締めくくりの第六学年で伊勢神宮への崇拝と祖先崇拝とが天皇を中心とする理想の国体を形作る基礎になることが教え込まれた。

神社中心主義

また、政府は、官制国体論の作成に前後して、「シズム」状況に対抗すべく、「神社中心主義」に基づく行政方針を展開した。

内務省神社局長水野《みずの》錬太郎《れんたろう》は、一九〇八（明治四一）年三月の学士会における講演でこの方針を説明して、「神社を公共団体の中心に位置付け、共同体の成員に共通する崇敬の対象とすることで、公共の一致を計るもの」と述べた。水野の構想は、第一に、神社を維持する神饌《しんせん》料・幣帛《へいはく》料を地方公共団体に提供させ、神社と公共団体の提携を密にし、第二に、神社を一町村につき一社を目標に統廃合し、第三に、統廃合された神社を基礎に公共団体の団結を強化するというものだった。また、この方針は、水野の後に神社局長に就任した井上友一《いのうえともいち》にも引き継がれた。井上は就任早々の同年秋に「神社中心の説」と題した講演を行い、「神社は一般人民の模範となるべき人々の霊を祀ったところであり、国民としての性格を作る標準、あるいは国民の向上心を進める最高本位として崇敬しなければならない」とした（森岡清美『近代の集落神社と国家統制』）。

神社の統廃合には、あらゆる神社を、伊勢神宮→官国幣社→府県社→郷社→村社と連なるヒエラルキーに位置付け、行政手段として飼い馴らす意図があった。また、政府は、一九〇七年の刑法改正で、不敬罪の罪状に伊勢神宮への不敬を付け加え、アマテラス権威の絶対性を強化した。加えて、同年には「神社祭式行事作法」を公布し、全国の神社祭典・祝詞《のりと》を画一化し、拍手《はくしゅ》の仕方から礼拝・着座の仕方にまで細かい規定を行い、各村落の家々の祖先崇拝や氏神《うじがみ》・産土神《うぶすながみ》への礼拝を、アマテラスを頂点とする国家神への礼拝へとすべからく同一化しようとした。

　これに平行して、神宮大麻《たいま》の授受の自由を認めた一八七八年の内務省達によって衰退していた神宮大麻の頒布事業にテコ入れが行われた。この事業は、一八八四年に教導職が廃止されたことで、教派神道の一派となった神宮教に委託されるようになったが、「国家事業であるはずの大麻頒布を一宗教団体に担わせるべきではない」という声が民間から挙がったため、神宮教を一八九九年に解散し、新たに神宮奉斎会を設立して頒布事業に当たらせることになった。しかし、この奉斎会が私的財団法人であったために、一九〇二年以降、国会において、「大麻頒布を私的商行為として行うことは不敬である」として改善を求めるロビー活動が再三起こされた。政府は、これを受ける形で、一九一二年四月に神宮神部署官制を定め、神宮司庁内に設置された神部署を中心として全国二八ヵ所に支署を置き、官の事業として大麻頒布を行うことにした（鈴木義一「頒布大麻及び暦について」）。大麻頒布は、基本的には神部署支署の管轄区内に頒布員を置いて行われたが、それができない地方においては、市町村長あるいは助役に頒布業務が嘱託されるようになった（「神宮大麻暦頒布規定」）。

　この神社中心主義行政は、結果として、神道国教化政策の頃に神祇省が構想した、アマテラス崇拝を機軸とした民心統合政策を部分的に実現することになった。

ただ、神社の統廃合は、民衆の意向を無視して強制的に行われたため、各地で軋轢《あつれき》を生じ、中止を余儀なくされた。また、一九一〇年代には、神社崇拝およびアマテラス大麻頒布の強化は憲法に定められた信教の自由を脅かすものであるという議論が高まり、政府および神宮は、これらの非宗教性を弁明しなければならなくなった。

例えば、政府は、一九一三（大正二）年に内務省宗教局を文部省に移管し、神社局を内務省に止めることで、神社を非宗教として取り扱うことを鮮明にした。同年には「官国幣社以下神社神職奉務規則」を定め、家族国家観を踏まえて、神職は「国家の礼典」に則って「国家の祭祀」を行う職業であり、祭祀は国民道徳の基礎であると定めた。

伊勢神宮でも、神部署長だった木村春太郎《きむらはるたろう》が、一九一五年一月に『神宮大麻頒布趣旨に関する講話』を刊行して、一八七三年の神祇省見解を否定し、大麻は「我皇祖（アマテラス）の崇拝すべき御神徳の標章と申すべき」で、宗教的呪具でもアマテラスの分霊でもないとした。

筧克彦の古神道

ところで、この頃には、内務省が主導する官僚神道がアマテラスおよび神社を非宗教化し政治利用することに不満を覚えた民間の宗教家や知識人によって、アマテラスや神道を宗教的面から捉え直した神がかり的な国体論が盛んに唱えられるようになった。その多くは泡沫的なものにすぎなかったが、東大法科教授筧《かけい》克彦《かつひこ》によって主唱された古神道は、その中で例外的に長く生き残り、後の『国体の本義』に強い影響を与えた。

筧はもともと宗教家ではなく、東大の法科において穂積八束と一木喜徳郎に師事して教育行政学を修めた学究の徒だった。彼が宗教に打ち込むようになったのは、一八九八（明治三一）年から教育行政を研究する目的で留学したドイツにおいて、欧米近代の制度を取り入れるにはその根本にある近代精神を学ばなければならないと改心し、キリスト教の研究に取り組んだことがきっかけだった。一九〇三年に帰国した後、彼はキリスト教精神の普及を志したが、これはキリスト教世界にのみ有効なもので、日本には日本独自の歴史的社会的風土的伝統に即したやり方があるはずと考えなおし、まずは仏教の研究に手を付け、やがて古神道の研究に向かった。

筧は、一九一二年に東大の日本学会での講演を元にして、『古神道大義』を刊行したのを皮切りに、翌年には『西洋哲理』、さらに翌年には『続古神道大義』を矢継ぎ早に刊行し、独自の古神道の理論を体系化し普及させた。なお、『古神道大義』は一九一二（大正一二）年までに一〇数版を重ねるベストセラーとなった（筧泰彦「父筧克彦のことども」）。

筧によれば、古神道とはアマテラスが確定した「神々の道」であり、神武天皇によってこの世に実現された教えであるという。彼は、当時の「シズム」状況を、宗教を前近代的迷信として排斥し、欧米文化の翻訳・物まねばかりを蔓延《はびこ》らせ、日本民族が中心となすべき神道さえも政治のために利用しその精神を失わせた結果であると捉えて猛批判し、この状況を打開するには古神道の復興しかないと訴えた。

その教義は、アマテラスおよび神武天皇の延長であり直接これらと一体化している現人神としての天皇を、個々人が「普遍我の総攬表現人」として信頼し、天皇の総攬の下に「普遍我」に帰一し、「普遍我」の表現者である神々や他の人々と一心同体になることを目指すというものだった（『古神道大義』）。

なお、この「普遍我」は、『続古神道大義』においては、アメノミナカヌシのことであるとされている。筧は、世界のあらゆる神々、あらゆる人々、あらゆる事物は、すべて「唯一絶対なる大生命」であるこの神の表現であるとした。しかし、彼によれば、アメノミナカヌシは抽象的でそれ自体捉えることができない。だから、すべての神々の総攬表現者であるアマテラスを神社に祀り、信仰しなければならないとする。また、このアメノミナカヌシとアマテラスの関係を、国家と天皇の関係に置き換え、国家もまた抽象的で捉えることができないが、総攬表現人としての天皇を通してその意志と通じることができるし、それゆえ、「神人一体」の理想に到達するためには天皇を崇拝しなければならないという結論が導かれた。

要するに、筧は、独自の古神道理論を通して、アマテラスと天皇を一体化し、天皇統治の正当性を弁証するだけでなく、アメノミナカヌシやアマテラスを介して、「シズム」の危機から人々を救済する理想の統治像（神人一体）を描き出し、アマテラス＝天皇への崇拝を、それを実現する手段として位置付けたわけである。

さらに、彼は、古神道の実修儀礼として、「日本体操《やまとばたらき》」を考案し、『風俗習慣と神ながらの実修』（一九一八年）、『神あそびやまとばたらき』（一九二四年）をその解説書として刊行し普及に努めた。なお、やまとばたらきは、岩戸開きや天孫降臨をモデルにした体操で、個々人の俗世の穢《けが》れを祓《はら》い去り、誰もが本来持っているはずの「清明心」を振るい起こし、「清明心」のシンボルであるアマテラスの神霊をみずからに降ろし、神の意志に帰一することを目的とした。

筧の古神道は、神道の宗教化を訴えたため、官制国体論からすれば明らかな異端だった。

また、現人神としての天皇像や「神ながらの政治共同体」を理想とする国家観は、帝国憲法体制を明らかに逸脱したものであったため、穂積の家族国家観とは違い、政府によって採用されることはなかった。

さらに、彼の神学理論には、当時の知識人から次々と批判が浴びせられた。キリスト教徒の富永徳磨は、宗教の捏造《ねつぞう》であり「無理も甚だしい」と批判し（『新人』一九一三年一月号）、折口信夫《おりくちしのぶ》は、親神道的立場から「常識と断片の学説とを空想の汁で捏《こ》ね合わせた代物」と酷評した（『皇国』二七九号、一九二二年）。新進気鋭の哲学者だった和辻哲郎《わつじてつろう》は、国体や神道を政治利用し、皇室を私《わたくし》しようとする「危険思想」であると非難した（「危険思想を排す」『太陽』一九一九年一月号）。

しかし、詳細な理論と具体的な実修方法を持つ古神道は、「シズム」状況に危機感を覚えた政府関係者や宗教関係者・軍関係者の一部に徐々に支持を広げていった。

筧は、講演を頼まれれば日本全国どこにでも精力的に赴き、一九二二年には朝鮮総督府に招かれ植民地朝鮮にも布教の手を広げた。一九二三年には、秩父宮から古神道の講義を依頼され、翌年には貞明皇后に講義を行った。皇后への講義は一九二六年に『神ながらの道』と題されて内務省神社局から刊行された（筧泰彦「父筧克彦のことども」）。また、同年には、長野県下伊那郡の在郷軍人連合分会が、左翼運動に惹かれる若者に「科学的」に国体論を教導することを目的として、里見岸雄《さとみきしお》『国体科学概論』と並べてこの『神ながらの道』を必読文献と定めるようになった（佐々木敏二「一地方におけるファシズム運動」）。一九二九年には、筧が政府の神社制度調査会の委員に任命された。こうして、一九一〇年代には異端だった筧の国体論が、二〇年代後半には政府にとって決して無視のできない存在になってゆく。

天理教における「世直し」のアマテラス

一方、「シズム」状況は、「世直し」のアマテラスの活性化にも結び付いた。秩序崩壊の危機感を抱えた民衆は、人智を超えた神々の力に救済を求め、一九一六（大正五）年から一九二六年までの一〇年間には、官僚神道とは異なり宗教性が認められていた教派神道の教会数が約二倍に拡大した。とりわけ、江戸時代以来の「世直し」のアマテラスの系譜に属する宗派の伸張は著しく、天理教《てんりきょう》の教会数は従来の三倍に増加し、金光教《こんこうきょう》も一・七倍に増加した。なお、この間の教派神道全体の増加数が五八六〇であるのに対し、天理教単体の増加数は五〇九四であることから、この急激な増加の内実がほとんど天理教の増加であったことがわかる（大谷渡「教派神道の発展」）。

大谷渡によれば、天理教がとりわけ勢力を伸ばした理由としては、貧農を教祖とし、権力者を「高山」、民衆を「谷底」と呼び、「谷底」の救済を強く説く徹底的な民衆的立場にあったことや、社会の資本主義化に伴って農村から都市に流入し、強い不安や病苦に苦しむ人々の救済要求を積極的に受け止めたことが挙げられる（同前）。本書の視点からすれば、天理教が「世直し」のアマテラスの要素を他の宗派よりも強く残していたからと言い換えることができよう。

もっとも、天理教は政府の公認を得るために、御用宗教にならざるを得なかった。そのため、「世直し」のアマテラスを暗示する教義や経典は、国家イデオロギーと抵触するため放棄を余儀なくされ、政府による国民教化運動に積極的な協力を求められた。

しかし、天理教から排除された「世直し」のアマテラスは、分派独立した天理研究会の教義にしっかり受け継がれた。

天理研究会は、一九一三年に天理教の布教師だった大西愛治郎《おおにしあいじろう》が信仰に行き詰って神がかり、神の意を受け継ぐ「甘露台」であることを自覚したことを契機として開教された。その後、一九二〇年頃から布教を開始し、次第に天理教からの転宗者を生み出した。大西は、みずからの教義が国家イデオロギーと真正面から対立するものと自覚していたため、教義を印刷することはなかったが、一九二八（昭和三）年が旧来の天理教の教義において「立替」（世直り）の年と見なされていたことから、この年を期して教義の宣伝に乗り出し、警察にも教義をまとめた「研究資料」を送りつけたため、一斉検挙を受けた（宮地正人「天理研究会不敬事件」）。

大西は、この「研究資料」を通して、天理教教祖中山みきに宿った天理《てんり》王命《おうのみこと》はアマテラスであると主張し、政府によって天理教が弾圧されみきが迫害を受けたのは、アマテラスの「岩戸隠れ」に相当するとした。また、大西が「甘露台」となり神の言葉を伝えるようになったことは、「岩戸開き」であり、アマテラスがニニギノミコトに「天壌《てんじょう》無《む》窮《きゅう》の神勅」を下した「天孫降臨」に相当し、大西の三人の子供は「三種の神器」であるとした。

さらに、みきが残した「唐人が日本の地に入り込んで　まゝにするのが神の立腹　高山の真の柱は唐人や　これが第一神の立腹」という御筆先《おふでさき》の言葉を解釈し直し、「アマテラスの命を受けていない『天徳無き人』である天皇が統治者としての資格がないのに記紀神話を自己の正当性の根拠としていることに神が立腹しているという意味である」と主張した。また、御筆先の「唐人コロリ」という言葉を引用して、不正に統治者となった天皇の一族が根絶やしにされる暗示であるとした。

つまり、大西は、この「シズム」状況を、ニセモノのアマテラス、ニセモノの統治者が君臨することに対する神の怒りとして捉え、彼が受け継いだ真のアマテラスの意志を自覚することが「シズム」を解消する「世直し」に結び付くと主張した。「世直し」のアマテラスの系譜は、天皇統治を正当化する政治シンボルとしてのアマテラスやその「神勅」の価値の否定、現体制に成り代わる「世直し」のユートピアの幻視を可能にしたのである。

大本教における「世直し」のアマテラス

一九一〇年代から二〇年代にかけて爆発的に教勢を拡大させた新興宗教、大本教《おおもときょう》の教義には、天理教以上にはっきりと「世直し」のアマテラスの発現が見られる。

大本教は、一八九二（明治二五）年頃、京都府綾部に住む大工の妻、出口直《でぐちなお》（図26）が貧困による一家離散の危機に際して神がかったことをきっかけに開教した。直は、現世を近代的資本主義に則った強者が傍若無人に振る舞い貧乏人を虐げる「悪の世」であるとし、こうした事態を招いた原因を、政府や天皇が「外国の教」にかぶれ近代化政策を行ったことに求めた。そして、直に宿った艮《うしとら》の金神《こんじん》（クニトコタチ＝アメノミナカヌシ）による立替・立直しでこの「悪の世」が「弥勒の世」に転化すると説いた。

興味深いのは、彼女がこの立替をアマテラスによる岩戸開きになぞらえ、「二度目の岩

図26　出　口　直

図27　出口王仁三郎

戸開き」と説明していたことである。また、彼女はしばしばみずからをアマテラスの化身と捉えた。彼女が残した御筆先には、「直のみたまは勿体《もったい》なくも、天照皇大神宮様のみたまであるぞよ」（一八九六年日付不明）、「出口直の御誕生日、十二月十六日、天照皇大神宮様の御命日であるぞよ」（一八九八年一〇月一〇日）、「明治三十五年の七月十五日の有明に、勿体無くも天照皇大神宮殿が出口に御憑《よ》り遊ばして、御歓びでありたぞよ」（一九〇二年八月一九日）といった記述が散見される（池田昭編『大本史料集成Ⅰ　思想篇』）。

さらに、彼女は、一九〇三年一〇月二二日付の御筆先で、かつての岩戸開きを、アマテラスを騙《だま》して無理やり行われたニセモノの岩戸開きであるとし、だからこの世では無理やり騙すことが良いことになってしまったと批判して、これを改めるために真の岩戸開きを行わなければならないとした（同前）。

要するに、彼女はみずからが「世直し」の実行者であることを正当化するため、みずからに「世直し」のアマテラスをダブらせた。のみならず、一度目の岩戸開きを否定することで、あたかもみずからに宿ったアマテラスこそが真のアマテラスであり、二度目の岩戸開きこそが真の岩戸開きであるかのように主張し、天皇統治の正当性に正面から疑義を突きつけたのである。

もっとも、こうした教義の方向性は、直が独力で作り出したのではなく、一八九九年から教団に参加した娘婿の王仁三郎《おにさぶろう》（図27）の影響が強く働いていた。彼は、さまざまな神道活動に参加した経験を生かして、直の教義を記紀神話の神々に置き換えながら整理・体系化した。

大本教の「世直し」教義は、明治末期以降、「シズム」の社会不安に喘《あえ》ぐ人心を次第に捉えていったが、特に爆発的に教勢を拡大したのは、第一次世界大戦以後のことである。大戦景気が社会の資本主義化をさらに加速させ、大戦後に経済が不景気に転じたことで、社会不安が明治末期よりもいっそう昂進した。大本教は、この期に乗じて、一九二一（大正一〇）年を立替・立直しの年とする主張を前面に打ち出し、次々と信者を獲得していった。教義も過激さをさらに増し、現体制の転覆を暗示させる独自の「国祖隠退神話」の発表にまで至った。その概要は、次のとおりである。

もともと地上の主権者（国祖）はクニトコタチだったが、その政治が厳格過ぎたために排斥され、アマテラスによって隠退を命じられて艮の金神と呼ばれるようになった。しかし、国祖の隠退後、地上では悪神が蔓延《はびこ》り、優勝劣敗・弱肉強食の世の中になった。そのため、アマテラスは国祖に地上の主権を与えた。これが出口直の神がかりである。そして、アマテラスは国祖をサポートするために、臣の位に降りて、その身体をスサノヲの生んだ三女神に変身させ、二度目の天の岩戸を開くことになった。こうして、国祖とアマテラスの地位は逆転したが、神政が完成した後には、再び元どおりの関係に戻る（「太古の神の因縁（上）」『神霊界』一九一八年二月号）。

つまり、ここには、アマテラスによって正当化された天皇の統治権を、一時的とはいえ、「世直し」のために艮の金神（クニトコタチ）を掲げる大本教が奪いとることが暗示されている。なお、この教義に、近代の神宮改革で排除された外宮の伊勢神道の影がチラつくことは興味深い。

大本教は、一九二〇年八月には『大正日日新聞』を買収し、マスコミを通した大々的布教を展開した。大本の手による同紙復刊第一号は、巻頭にタヂカラオによる岩戸開きの図を掲載し（図28）、今こそ第二の岩戸開きの時期であると大いに煽《あお》った。

これより先の一九一六年には、横須賀海軍機関学校教官の浅野和三郎《あさのわさぶろう》が入信し、第一級の知識人である浅野のお墨付きを得て、大本教の社会的信用度が向上すると、浅野の流れから秋山真之《あきやまさねゆき》ら海軍高級軍人が次々と入信し、医学博士の岸一太《きしかずた》ら知識人層にもその勢いが及んだ。華族や皇室関係者の入信者さえ現われた。一九一七年には、昭憲皇太后の姪の鶴殿《つるどの》ちか子が入信し、熱心な布教師となった。一九一九年には、宮中顧問官の山田春三《やまだしゅんぞう》が入信した（村上重良『評伝出口王仁三郎』）。

ただ、大本教の栄華は長く続かなかった。過激な教義の流布、爆発的な信者数の拡大、相次ぐ知識人の入信、少数とはいえ天皇統治を支えるべき華族や皇室関係者を入信させるに至ったことが、政府に強い危惧の念を抱かせたのである。そして、一九二一年には、紀元節の翌日を期して大本教に対する一斉検挙が行われ、王仁三郎らは不敬罪などで起訴され、経典の使用が禁止され、教義の変更が求められた。

大正日日新聞

図28　タヂカラオの岩戸開き（『大正日日新聞』復刊第１号）

なお、その後、王仁三郎は大正天皇死去の大赦で釈放された後、教団を再編し、外郭団体として設立した昭和神聖会を軸に国体護持を目的とする政治運動を盛んに行ったが、一九三五（昭和一〇）年一二月には、軍部の急進派と結び付くことを危惧した政府によって、治安維持法容疑をかけられ、再び弾圧された。

異端と正統の逆転――政治シンボルの暴走へ

官制国体論の世俗化

第一次世界大戦後の社会不安の高まりを追い風にして、一九二〇年代には、アマテラスの宗教シンボルとしての性質を強調した民間の神がかり的な国体論の勢いはますます盛んになった。一九二三（大正一二）年の関東大震災・虎の門事件（皇太子暗殺未遂事件）、一九二八（昭和三）年の金融恐慌、二九年の世界恐慌などがその傾向に拍車をかけた。この時期には、天皇統治の正当化を目的としつつも帝国憲法体制を逸脱するような神がかり的天皇像や国体論がますます世評をにぎわせるようになった。さらに、新興宗教に発現した異端のアマテラスが天皇統治の正当性を支える正統なアマテラスに公然と挑戦するようになった。

一方の政府は、以前にも増して神がかり的な国体論を退けるようになった。なぜならば、第一次世界大戦中に、ヨーロッパではイギリスを除く君主制国家が軒並み倒壊し、日本でもそれを「世界の大勢」として容認するデモクラシー勢力が無視することができないまでに広がったからである。政府内部では国家秩序崩壊に対する危機意識がにわかに高まり、それを未然に防ぐため、デモクラシー勢力を懐柔し得る程度に国家イデオロギーを世俗化することが模索され始めた。

一九二一年には、内務省が『国体論史』を編纂・刊行し、明治以来の国体論の流れを整理要約するとともに、第一次世界大戦後の事態に相応しい国体論のあり方を提示した。

この本は、現代において国体論を説く者は、国民にそれを了解させることを目的としている以上、宗教的な言辞を述べるのではなく、国民が常識としている「科学的智識」に抵触しない理論に立たねばならないとして、神がかり的国体論へと走ることを戒めた。

特に、アマテラスや神武天皇を含む神話の取り扱いについては、「国民の理想、精神として最も尊重すべし」としながら、これを根拠として国体の尊厳を説くことを危険な行為とし、強く戒めた。また、その理由を、「進化論の知識を持った今の国民はもはや神話を信じず、それでも信じない者を国賊として攻撃することは簡単だがその心を奪うことはできない」、つまり効果が期待できないからとした。さらに、「天壌無窮《てんじょうむきゅう》の神勅」によって国体が定まったとする民間の神がかり的国体論を批判し、「神勅」があろうとなかろうと、神話であろうと事実であろうと、日本の国家秩序が天皇中心で成り立っているのは社会的事実であり、「神勅」はそれを追認したものでしかなく、憲法や教育勅語も同じことであるとした。

要するに、内務省は、この本を通して国体論や政治シンボルの世俗化を促したのである。とはいえ、この本ではその世俗化の実例が積極的に提示されることはなく、従来の家族国家観が国体論の模範として示されるに止まった。

世俗化の要請に具体的に応えたのは、政府外にありながら政府中枢に近い人々だった。例えば、内務官僚出身の貴族院議員永田秀次郎《ながたひでじろう》は、一九二一年に『平易なる皇室論』を著して、「デモクラシーやボルセヴィズムの思想」を理解しそれに適応した方法と説明で国体を擁護する思想を説かねばならないと主張した。また、天皇統治の正当性をアマテラスのような政治シンボルのみで弁証するのではなく、社会的有用性から説明した。例えば、天皇統治の存在意義として、天皇が人心を安定させる緩和力になること、慈善事業・社会事業に貢献していること、国家存在の表象であることを挙げ、神話を信じないデモクラシーの徒にこれを納得させようとした（鈴木正幸『近代天皇制の支配秩序』）。

一九二五年には、かつて教育勅語の準公式解説書である『勅語衍義《えんぎ》』を執筆した井上哲《いのうえてつ》次郎《じろう》が、『我が国体と国民道徳』を著して、国体論のさらに過激な世俗化を行った。

井上は、国体論の中でも特に神聖視されていた、アマテラスによる「天壌無窮の神勅」を「単に神秘的に超絶的にのみ考へては行《(ママ)》けない」とし、これを文字どおり神の言葉として捉えるのではなく、「日本人の祖先が共同的に無意識的に構成した」人為的創作物として位置付けたうえで、日本建国の「憲法」と称すべきとし、デモクラシーに結び付けた。さらに、神勅の内容に踏み込んで、これは天皇統治の正当性を単に述べたものではなく、ニニギノミコトに対してアマテラスが「仁政」を施せとした命令であるとし、天皇がこれを実行できない場合には統治権が失われる可能性があることを示唆した。

もちろん、井上の真意は、天皇統治の正当性に疑義を差し挟むことにはない。彼の狙いは、建国以来の天皇統治が常に「仁政」によって行われてきたことを誇り、それが「人民の為の政治」である以上、デモクラシー論者たちの言う「民本主義」と同じ意味であると主張して、彼（女）らを懐柔することにあった。また、「仁政」という世俗的価値基準を示すことによって、記紀神話に描かれた暴君、武烈天皇の存在を「仁政」を満たせなかった唯一の例外として合理的に説明し、それ以外のすべての天皇統治を社会的有用性に照らし合わせ、神話抜きの世俗的基準で正当化することを狙った。

だから、彼は扱いに慎重を要するアマテラスや三種の神器に対しても、容赦なく世俗化のメスを向けた。彼は、アマテラスについて、歴史というより神話に属するのではっきりとしたことは言えないとし、その実在を疑わせるような表現を採った。また、アマテラスが伝えたとされる三種の神器については、それが継承されていることは歴史的事実であるとしても、長い歴史の間に鏡と剣はすでに失われているし、法治国家となった現代においては、もはや「皇室の御守」と言うべきで、その継承が天皇即位の際の「必要条件」になることはないとした。

政党勢力の台頭と国体論

ところが、一九二〇年代後半から三〇年代前半になると状況が一変する。明治維新から一貫して政府の中枢を担ってきた元勲・重臣を中心とする藩閥勢力の政治的影響力が一九二二（大正一一）年に山県有朋《やまがたありとも》が死んだあたりから急速に低下する一方で、政党・官僚・軍部が新勢力としてにわかに台頭しだした。また、これら新勢力の間で、自派の政治行動を正当化するべく、天皇権威が政治シンボルとして盛んに利用されるようになり、自派の正当性を高めるべく、天皇権威のさらなる絶対化が要請され、神がかり的国体論（とそれを主導原理とし国体護持のために行動する右翼団体）のニーズが高まったのである。

まずは、政党の状況から見て行くことにしよう。一九二四年一月、前年に起こった虎の門事件の責任をとって山本権兵衛《やまもとごんべえ》内閣が総辞職した後を受け、枢密院議長だった清浦奎吾《きようらけいご》が貴族院議員を中心に組閣を行うと、新聞記者団や政友会・憲政会・革新倶楽部の政党三派の有志代議士らが、特権階級内閣の打倒を掲げたデモを起こした（第二次護憲運動）。彼らの行動の正当性は、「貴族院に集う特権階級が天皇と国民の間に割って入り、民意を天皇に反映させる神聖なる国会を蔑《ないがし》ろにしようとしている」という演説で民衆の心を摑《つか》んだ憲政会の代議士、中野正剛《なかのせいごう》の言葉に見られるとおり、自派こそが貴族院や元勲・重臣以上に真に天皇権威に連なる存在であることを弁証するレトリックによって支えられていた。政党は政治的影響力を強めて行く過程で、天皇権威に深く依存するようになってゆく。

運動の結果、清浦内閣を約一ヵ月で辞職に追い込むことに成功した政党三派は、憲政会総裁の加藤高明《かとうたかあき》を首相とする三派連立内閣を成立させ、翌年には念願としていた普通選挙法を治安維持法とのセットという限定付きで成立させるに至った。以降、「憲政の常道」の名の下、一九三二（昭和七）年に犬養毅《いぬかいつよし》政友会内閣が五・一五事件で倒されるまで、政党内閣が政府の中枢を担うようになった。

ところが、一九二五年八月の憲政会単独内閣成立で三派の協調が失われると、政党間で政権争奪をめぐる激しい争いが起こった。各政党は敵の揚げ足を取り自派の正当性を主張するため、互いを反国体・反皇室と罵るようになり、政権争いは、さながら国体・皇室への忠誠競争の様相を呈した。

例えば、一九二八年二月に初の普通選挙が行われた際には、内務大臣鈴木喜三郎《すずききさぶろう》が、「与党政友会は『皇室中心主義』を掲げているのに、野党民政党が『議会中心主義』を掲げているのは『神聖なる我帝国憲法の大精神』を蹂躙するものでわが国体と相容れない」と批判すると、民政党がこれに対し、「『皇室中心』は絶対の基本原則であり、これを立憲政治の運用による議会政治と対立させるのは逆に国体を毀損する不謹慎な言動ではないか」と反論する事態となった（鈴木正幸『近代天皇制の支配秩序』）。

こうして、政党内閣の下で、皇室や国体の取り扱いが政争の争点となると、天皇権威を絶対化する神がかり的国体論が政党にとってにわかに親しいものとなり、各政党は敵党を潰すためにこうした国体論に拠る右翼団体と密接に結び付くようになった。

官僚勢力の独自行動と国体論

政党勢力の台頭は、官僚たちを独自の政治行動に走らせた。特に目立った動きを見せたのが、平沼騏一郎《ひらぬまきいちろう》である。平沼は、第一次世界大戦後における左翼思想の高揚に危機感を抱き、一九一〇年代から二〇年代にかけて、学者や右翼・官僚・軍部・実業家層に同志の輪を広げていった。例えば、反デモクラシーを標榜する国粋主義雑誌『国本』では、同人として、先に挙げた筧克彦《かけいかつひこ》や、右翼の理論家として活躍した三井甲之《みついこうし》・蓑田胸喜《みのだむねき》、あるいは井上哲次郎などと交流を深めた。陸軍・海軍・司法・内務・外務・大蔵省などの中堅官僚を中心とした結社「辛酉会」では、陸軍の革新派の永田鉄山《ながたてつざん》・東条英機《とうじょうひでき》・荒木貞夫《あらきさだお》ら、海軍の加藤寛治《かとうひろはる》・米内光政《よないみつまさ》ら、内務省の革新派の後藤文夫《ごとうふみお》らと、左翼台頭への対抗策を練る作業を通して親交を深めた。一九二四（大正一三）年一月には、それまでに拡げた人脈を最大限に利用して、『国本』の同人を、司法省関係・陸海軍関係・内務省関係の高級官僚を役員とした右翼団体「国本社《こくほんしゃ》」へと再編した。国本社は、最盛期には八万人を要した全国的組織となり、政党勢力に対抗する一大政治拠点となった（伊藤隆『昭和初期政治史研究』）。

国本社は、司法関係とりわけ検察関係者を動員し、選挙違反や汚職の摘発をチラつかせ、政党に圧力をかけることで平沼に強い政治的影響力を与えた。平沼は、この影響力を背景に、政友会に子分の鈴木喜三郎を入党させ、同党に肩入れした。また、一九二七（昭和二）年には、枢密院副議長として、若槻礼次郎《わかつきれいじろう》憲政会内閣の倒閣を主導した。次の政友会内閣の下で初めて行われた普通選挙では、内務大臣となった鈴木に警察を動員した大規模な選挙干渉を行わせ、政友会候補をバックアップした。さらに、一九三〇年のロンドン海軍軍縮会議の際は、軍縮は国力の低下であるとして、軍部と提携し、軍縮を進めようとする浜口雄幸《はまぐちおさち》民政党内閣に対して、疑獄事件を次々とでっちあげ、国民の世論を政党政治の否認へと導く政治工作を行い、軍部の政治進出の足がかりを作った。加えて、軍部の台頭を危惧する重臣の西園寺公望《さいおんじきんもち》に、自分だけが軍の暴発を抑えうると売り込み、みずからを首魁《しゅかい》とする内閣の実現を画策した（同前）。

平沼の動きは、明らかな国家権力の私的濫用であり、彼は帝国憲法体制を遵守する重臣たちから毛嫌いされた。しかし、こうした平沼の野放図な行動は、天皇親政論者、熱烈な神がかり的国体論者としての信念によって正当化された。彼は、みずからの行動が天皇の絶対的権威の確立に結び付くとして、機関説によって天皇権威を制限しようとする重臣たちを批判した。国本社の活動方針には、「国民精神」の涵養、「国本」の強化、「国体の精華」の顕揚を掲げ、みずからの行動に対し、第一次世界大戦後にさらに深まった「シズム」状況への対抗という大義名分を与えた。

なお、同様の傾向は、先に触れた後藤文夫ら内務省の革新派官僚の間でも顕著に見られた。内務省では、政党内閣が慣例化されて以来、行政方針や人事が党利党略に左右される状況が生じていた。これを克服するため、二〇年代後半以降、国本社に協力して選挙干渉をし、軍部や他省の官僚らと協力して独自の政策研究会を開催した。一九三一年には右翼イデオローグの安岡正篤《やすおかまさひろ》を思想的リーダーとする政治結社「国維会」を結成し、独立した政治勢力としての地位を徐々に確立させていった（河島真「国維会論」）。こうした行動を正当化したものは、絶対化された天皇権威であり、それを支える政治シンボルとしてのアマテラスだった。

例えば、普通選挙における大規模な選挙干渉は、「内務省の警察行政を統べるものは天皇だけであり、政党に左右されることは『天壌無窮』の国体上、あってはならない」といった論理で正当化された（『日本警察新聞』一九二八年一月一〇日）。国維会に結集した官僚は、神がかり的な国体至上主義に自己の行動の正当化原理を求めた。国維会の機関誌『国維』第一号には、「吾等の志」と題して、「政治の基本はアマテラスの『神勅』に基づく祭政一致、政教不二、君民一家である」といった主張が展開された（鈴木正幸『近代天皇制の支配秩序』)。

自派の立場を正当化するため、民間の神がかり的国体論を取り入れた官僚たちの独自の政治行動を通して、帝国憲法体制に基づく政府の正当性を支える政治シンボルだったアマテラスが、逆にこの体制に基づく政府中枢(政党内閣)の打倒を正当化し、この体制を瓦解へと導く革新派の政治シンボルへと転換していったのである。

軍部の政治勢力化

軍部においては、一八八二(明治一五)年の「軍人勅諭」の発布以来、現役軍人が政治に携わることがタブー視されてきた。ところが、一九三〇(昭和五)年のロンドン海軍軍縮会議を契機として、国政に直接的な介入を行うようになった。

一九三〇年一月から開催されたロンドン会議は、一九二一(大正一〇)年から二二年のワシントン会議に次ぐ第一次世界大戦後の国際的軍縮の試みの一環をなすものであり、恐慌以降の経済的ダメージの解消を至上命題とする政府(浜口民政党内閣)には、国内財政を緊縮し、アメリカやイギリスから資金援助を受けるためにも、この軍縮を成功させねばならない事情があった。一方、兵備と予算を減らされる海軍にとって、中国に対する圧力を減じさせる恐れのある軍縮は死活問題であり、前述の事情からアメリカやイギリスに妥協せざるを得ない政府に対して、海軍大臣財部《たからべ》彪《たけし》を始めとする海軍の面々はアメリカにさらなる譲歩を求めるべきであると主張した。しかし、軍縮を歓迎する世論の支持を得ていた政府は、海軍の不満を押さえつけ、強引に軍縮条約の調印に漕ぎ着けた。その結果、軍部・右翼・野党政友会によって、「この調印は天皇の統帥権を干犯する不当行為である」という猛批判が政府に向けて一斉放射された（大内力『ファシズムへの道』）。

統帥権とは、軍の作戦用兵を掌握する権利であり、帝国憲法の第一一条「天皇は陸海軍を統帥す」はこれを天皇のみに帰属する大権と定めていた。軍部は、統帥権の独立を宣言することによって、言い換えれば、軍は政府ではなく天皇に直属する組織であり、その行動は天皇の意志に基づくと主張することによって、政府の意向を無視した軍の独断行動を正当化し始めた。

こうした行動の背景にあったのは、まずは軍部革新派の台頭である。軍の教育機関である陸軍士官学校や陸軍大学校では、デモクラシー思想に対抗するために、大川周明《おおかわしゅうめい》らを講師として招いており、二〇年代には、大川が組織した大学寮や行地社《ぎょうちしゃ》を通して、北一輝《きたいっき》が執筆したクーデター計画書『日本改造法案大綱』が、参謀本部や関東軍の中堅将校、さらにその下の隊付の中・少尉、士官学校生徒に至るまで支持層を広げていた（同前）。

陸軍の上層部から中堅将校の間では、一九二二年の山県有朋の死に前後して、長州閥によって牛耳られた陸軍の体質を革新し、それを弾みに国家改造を行うことを画策する動きが生じた。一九二一年には、永田鉄山や小畑敏四郎《おばたとししろう》・岡村寧次《おかむらやすじ》・板垣征四郎《いたがきせいしろう》・東条英機ら、長州閥に属さない陸軍大学校出身のエリート将校によって、一夕会《いっせきかい》が結成された。彼らは、優秀な人材を結集し陸軍の要職に就け、閥ではなく才能と実力によって陸軍の統制を確立することを目指し、その実行役として、荒木貞夫・真崎甚三郎《まざきじんざぶろう》・林銑十郎《はやしせんじゅうろう》の三将軍をもり立てることで合意し、徐々にその勢力を広げていった。

二〇年代末以来、政権争いのための泥仕合・汚職・駆け引きを繰り返していた政党が、軍縮条約の調印によって軍の威信を脅かしたことは、軍部革新派の中でも急進派の怒りに火をつけ、政権簒奪を目的とするテロ行動に走らせた。一九三〇年夏には、参謀本部に拠る陸軍大学校出身の中堅将校たちによって、クーデターによる政権簒奪・国家改造を目的とした桜会が結成された。同年一一月には、桜会と関係する右翼団体愛国社社員、佐郷屋《さごうや》留雄《とめお》によって、浜口首相が狙撃される事件が起こった。そして、未遂に終わったものの、三一年三月には、桜会が大川周明と連携し、陸軍大臣宇垣一成《うがきかずしげ》を首相とする改造政権樹立を目指したクーデターの具体的計画を立ち上げるまでに至った（三月事件）。

この三月事件を契機として、陸軍の主導権は一夕会に握られた。三一年九月には、一夕会の石原莞爾《いしわらかんじ》の画策によって、関東軍の独断で満州事変が起こされた。満州事変は、統帥権独立のデモンストレーションであり、クーデターとしての性質もあった。石原は、対外的危機を意図的に作り出し、それをテコにして軍部主導で国内改造を手がけようと考えていた（戸部良一『逆説の軍隊』）。

同年一〇月、これに乗じた桜会によるクーデター計画が持ち上がると、一夕会は直接行動に走る桜会を解体に追い込むと同時に、これを利用して、国際協調（軍縮路線）外交を推進する若槻内閣を倒閣に導き、荒木貞夫を一二月に成立した犬養毅政友会内閣の陸軍大臣に送り込むことに成功した。もっとも、荒木の指名は、軍部急進派の暴走を恐れた政友会側が、彼らに人気のある荒木によって彼らの行動を抑制しようと考えたからでもあった。ただ、荒木は政友会側の思惑をよそに、この地位を最大限に利用して、三二年一月には真崎を参謀次長に、同年五月には林を教育総監に就任させ、陸軍のトップ人事を一夕会に繋がるメンバーで独占した。

軍部の中の国体論

彼らの行動の正当性を支えたものは、天皇権威に他ならない。彼らは、この論理を補強するために神がかり的国体論によって、天皇権威を絶対化し、軍部の独断専行に対する国民の合意を取り付けようとした。

中でも荒木貞夫は特に能弁であり、あらゆるメディアを通して軍部の独断専行の正当化を行った。なお、彼の論理は常に次のようなものに終始した。

今の日本人は、「建国の精神即ち大和魂」が欠けているから、今日の困難に直面している。「建国の精神」とは、三種の神器が象徴する、「公明・仁愛・勇断」であり、皇軍こそはその精神をもっとも直接に表現している。国民は、軍部が横暴であるとか、国民とは別の志向を持っていると言いがちだが、それは皇軍の精神を国民がわかっていないからである。また、満州事変は、「建国の精神」を世界に広めようという日本の道徳力を無視した中国を諭《さと》すための闘いであり、中国が反省すれば、この問題も片付くのである（荒木貞夫『全日本国民に告ぐ』、内田康哉《うちだこうさい》・荒木貞夫『非常時読本』）。

現代のわたしたちは、これを常識で判断して荒唐無稽な論理と容易に否定できるが、当時において、三種の神器（その背後には、もちろんアマテラスがある）は、こうした常識的判断を沈黙させるに足る強力な政治シンボルだったのである。

軍においては、大正期以降、一貫して神がかり的国体論が身近にあった。その理由は、一つには、明治天皇の死によって君主の具体的姿だけでは、軍人の忠誠心を調達できなくなり、国体論による光背が必要になったという事情がある。また、台頭しだしたデモクラシー思想の影響を軍内から排除するためにもそれは必要とされた。一九二一（大正一〇）年の軍隊内務書には、「『我国体の万国に冠絶する所以《ゆえん》と国軍建設の本旨』を肝に銘じ、『兵役の国家に対する崇高なる責務又名誉』を自覚させ、思想の選択を誤らせないようにせよ」という文句が書き連ねられた（戸部良一『逆説の軍隊』）。

また、軍隊教育担当の将校は、独自に国体論を研究した。例えば、石原莞爾は、一九一九年に教育総監部に勤務したが、同年には思想問題に取り組むため、日蓮主義者の田中智学《たなかちがく》が主宰する国柱会《こくちゆうかい》に入信している。なお、田中は、『世界統一の天業』（一九〇四〈明治三七〉年）で天皇を天に定められた神聖なる世界統一の実行者とし、彼独自の「日本国体学」を確立するとともに、この時にはすでに一九三〇年代に日本軍の侵略戦争を神聖化し正当化する国家的スローガンとなる、「八紘一宇《はつこういちう》」（世界を一つの家にするという意）を神武天皇の勅語から作り出していた。

さらに、軍隊教育における天皇権威の法的位置付けは、一木喜徳郎《いちききとくろう》・美濃部達吉《みのべたつきち》らの天皇機関説が憲法学界の定説となった大正期以降も一貫して、上杉慎吉《うえすぎしんきち》の天皇主権説が採られた。しかも、上杉の学説は、明治天皇の死後、筧克彦の主張に似た神がかり的国体論へと変化していた。筧の古神道を批評した「皇道概説＝古神道を読む」（一九一三年）では、師である穂積八束《ほづみやつか》が天皇崇拝の理由付けに祖先崇拝を提唱したことを不十分として退け、国民が天皇に服従するのは「信仰」であり、「信仰に理由はない」とし、「現人神《あらひとがみ》である、天皇なるが故に、服従する」と主張した。これを踏まえて、一九二四年の『新稿憲法述義』では、天皇はアマテラスの魂を承伝体得した「現人神」であり、日本人に憑依してその本来の善なる性質を充実発展させ、人類の理想である高天原《たかまがはら》の実現をなし得る信仰の中心であるから、日本人はそれに向かって祈ることで、「天皇に合一し、天神に合一し、天皇の御力に依りて、宇宙の理想と人類の本性を永遠に充実し発展」させよと主張した（新田均「上杉慎吉の政教関係論」）。

つまり、大正期以降の士官学校に学んだ軍部の中堅・青年将校、教える側に立った上層部にとって、神がかり的国体論は、自家薬籠中のものだったといえる。ただ、元来それらは軍人が帝国憲法体制から逸脱することを防ぎ、彼らを天皇崇拝に繋ぎとめるための鎖だった。しかし、一九二〇年代から三〇年代にかけて、デモクラシー勢力の台頭を背景に、上層部から中堅・青年将校までに及ぶ軍部革新派が反政府（反政党内閣）・政権簒奪の策動を起こすようになると、一転、それらが体制転覆の正当化原理になったわけである。

異端と正統の逆転

以上に述べた新勢力の台頭と連動するように、官制国体論における異端と正統の逆転現象が徐々に展開していった。その濫觴《らんしょう》となったのが、井上哲次郎不敬事件である。

一九二六（大正一五）年九月二五日、右翼の巨魁頭山満《とうやまみつる》が、陸軍少将の草生政恒《くさおまさつね》と五百木良三《いおきりょうぞう》との連署で、先述した井上哲次郎の『我が国体と国民道徳』の記述は「皇室と（伊勢）神宮に対する大不敬」であると主張するパンフレットを各方面に頒布した（森川輝紀『国民道徳論の道』）。

『国体冒瀆著書に関する請願書　文学博士井上哲次郎氏の神宮皇室に対する大不敬事件』と題されたそのパンフレットを見ると、不敬として挙げられている箇所は、いずれも井上がデモクラシー勢力の台頭に対応した国体論の世俗化を工夫した箇所であり、そのような工夫をした意図を無視したうえで批判が展開された。

例えば、井上が、三種の神器に関して、オリジナルが失われていると匂わせ、即位の「必要条件」からそれを外したことは、世俗化した国体論によって天皇統治の正当性を弁証するための工夫だったが、批判者たちはこれをあえてストレートに受け取り、「神器の存在を否定せる」ものと捉えた。

井上が同様の意図からアマテラスの「神勅」を天皇に「仁政」の実施を命ずる文言とした解釈もまた、批判者たちは、基本的に天皇は仁政を行ってきたとする彼の記述をあえて無視して、これは、天皇統治が条件次第で崩れることを示唆したもので、「神勅を以って絶対視せず」、「『旧神勅亡びて新神勅起る』の時期あるを暗示し」たものであると痛罵した。

頭山らの批判は、非論理的なものであり、井上には十分に反論が可能だったが、彼らが平行して問題を貴族院に持ち込み、憲政会内閣の責任問題（不敬図書の検閲を行う内務省、およびこの本を中等教育試験・師範学校・高等学校の必須予備書とし、中高等学校の倫理教育の機軸と位置付けた文部省に対する監督責任）に発展させ、内閣書記官長が井上宅に赴き、問題の箇所の訂正指示を行う事態になったため、なすすべなく訂正に応じることになり、一〇月には同書の絶版を承諾した（関口すみ子『国民道徳とジェンダー』）。

以上の展開からわかるように、頭山らは純粋に不敬に対する国粋主義者としての憤りから批判に及んだのではない。この批判は、当時の政友会が軍部や右翼・平沼一派と協力して行っていた倒閣キャンペーンの一環であり、井上のこの本は、内容が攻撃材料として適合していたため、たまたま批判の対象に選ばれたわけである。

とはいえ、官制国体論の正統イデオローグの第一人者だった井上の論が、神がかり的国体論に拠る野党と右翼と軍部の結託によって否定されたことは、国体論における異端と正統の逆転を物語る象徴的出来事となった。また、これをきっかけに、いかなる理由があろうと、誰であろうと、天皇権威やアマテラスの政治シンボルとしての権威の絶対性に疑義をわずかでも暗示させるようないっさいの言動を許さない社会的雰囲気が広がっていった。

天皇機関説事件

そして、一九三五（昭和一〇）年の天皇機関説事件（図29）は、こうした言動のいっさいに止めを刺し、官制国体論における異端と正統の逆転を不可逆的なものとして決定付けた。

一木喜徳郎・美濃部達吉らによる機関説は、明治末期以来、天皇統治と政党政治とを共存させるため、政府によって半ば公認されてきた正統な憲法解釈だった。ところが、一九三五年二月七日、衆議院において陸軍出身の江《え》藤《とう》源《げん》九郎《くろう》議員が、「美濃部達吉の『逐条憲法精義』は国体を破壊する説であり禁止すべきである」と質問演説を行うと状況が一変した。続く一八日に、貴族院において、同じく陸軍出身の菊池《きくち》武夫《たけお》議員らが、美濃部の著書に加え、当時枢密院議長になっていた一木の著書に、統治権が天皇ではなく国家や国民にあるとする説があることを批判し、政府に弁明を求めた。政府答弁は、「国体論議は学者に任すのが相当」（文部大臣松田《まつだ》源治《げんじ》）、「今までのところ、行政上の処分をするに至らない」（内務大臣後藤文夫）といったように、批判の受け流しに終始した。それでも、菊池に続いて、三室戸《みむろど》敬光《ゆきみつ》が同様の質問に立ち、さらに井上清純《いのうえきよずみ》がアマテラスの「神勅」を持ち出して、この問題は「畏《かしこ》くも天壌無窮に渡らせられる所の天皇様の大権」に疑義を差し挟むものであるとし、首相の天皇に対する見解を明示すべきと迫ると、ついに、岡田《おかだ》啓介《けいすけ》首相は、憲法学説は「学者に委ねるより仕方ない」が、「私も我が国体について疑いを持っていない」、「私は天皇機関説を支持して居る者ではない」という見解を出さざるを得なくなった。

ASAHI SHIMBUN
東京朝日新聞
片言隻句を捉へて
反逆者とは何事
美濃部博士諄々憲法を説き
貴院て一身上の弁明
機關説を説明
『萬能説は西洋思想』

図29　天皇機関説事件を報ずる新聞記事
（『東京朝日新聞』昭和10年２月26日）

　二五日には、美濃部が貴族院で弁明を行った。その主旨は、菊池らの批判が機関説の半端な理解による誤謬に基づくものとし、改めて、みずからの学説の正当性を主張するものだった。

機関説批判もまた、純粋な憤りからというよりは、平沼騏一郎らによる政治工作から始まったものだった。枢密院副議長の地位に長く止め置かれていた平沼は、みずからの権力掌握の障害となっている重臣、とりわけ元老の西園寺公望から枢密院議長の一木に繋がるラインに攻撃を試みたのである。なお、機関説事件のきっかけを作った江藤は、平沼の手下だった。

ただ、機関説事件の波紋は、平沼らの思惑以上の広がりを見せることになった。美濃部の弁明に対して、ジャーナリズムは好意的反応を示す一方、全国の右翼団体は共同で機関説排撃の一大キャンペーンを展開した。また、三月八日には、右翼団体黒竜会の呼びかけで「機関説撲滅同盟」が結成され、政府に対して、天皇機関説の即時禁止、美濃部のいっさいの公職からの辞職を求める決議文を突きつけた。

三月二二日には、当時最多数の議席を持ちながら野党に甘んじていた政友会は、この事態に乗じて、右翼と手を結び、「国体に関する建議案」を政府に突きつけ、「崇高無比なるわが国体と相容れざる言説にたいし、ただちに断固たる処置をなすべし」と求めた。

軍では、四月四日に、真崎教育総監が、「アマテラスの神勅によって万世一系の天皇が

『現人神』であり『国家統治の主体』であることが定められており疑いの余地はない」として、「国体に反する機関説」を排撃する訓示を部内に発した。また、四月一五日付で、陸軍省軍事調査部長山下奉文《やましたともゆき》の名で『大日本帝国憲法の解釈に関する見解』と題するパンフレットを帝国在郷軍人会本部より発行し、軍部全体を挙げて美濃部のような「迷妄の説」を一掃する意志のあることを示した。

なお、軍は、総力戦体制への将来的移行を政策提言した陸軍パンフレット『国防の本義と其強化の提唱』（一九三四年一〇月）を出した際に、それを批判的に採り上げた『中央公論』の特集「陸軍国策の総批判」のトップを美濃部が飾って以来、彼を特に目の仇としていた。また、もとより、彼の機関説は軍の独断行動の正当性を保証する天皇権威を絶対化することの障害となっていた。したがって、機関説事件は、軍にとって美濃部を潰し、勢力を拡大するチャンスと目されたのである。

こうした状況を前に、四月九日、ついに文部省は国体明徴《めいちょう》の訓令を発し、内務省は美濃部の著書『逐条憲法精義』『憲法撮要』『日本憲法の基本主義』を出版法に基づき、「安寧秩序を妨害するもの」と認め、発禁処分とした。遡る二月二七日には、美濃部が江藤によって不敬罪で告発され、四月七日、検察局に出頭の運びとなった。もっとも、九月一八日には起訴猶予処分となったが、それは美濃部が貴族院議員を辞すことと引き換えに得た司法取引の結果だった。

しかも、この措置に物足りなさを感じた軍部は、林陸相を通して「政府をして先ず機関説攻撃を明示すべき正式声明を出すべきである」と岡田首相に圧力をかけ、政府は、八月二日・一〇月一五日の二度にわたる国体明徴声明の発表を余儀なくされた。この頃には、ジャーナリズムの論調も、反機関説に傾いていた。

二度目の国体明徴声明では、「統治権の主体が　天皇にましますことは我国体の本義にして帝国臣民の絶対不動の信念」であることが確認されたうえ、天皇機関説は「神聖なる我国体に戻《もと》り其本義を愆《あやま》るの甚しきものにして厳に之を芟除《せんじょ》せざるべからず」と断罪された。

そして、一〇月にはこの声明に基づき、文部省内に教学刷新評議会が設置され、『国体の本義』の編纂作業が開始されるに至る。

政府の対応は、軍部の意向に沿って行われた。一九三五年七月には、文部省が軍の憲法アドバイザーとなっていた筧克彦を招き、憲法講習会を実施した。筧は、そこで古神道に基づく独自の神がかった憲法解釈を講演するとともに、講演の前後には講習者全員を起立させて、アマテラスへの帰一を誓う古神道の拝礼を行わせた（筧克彦『大日本帝国憲法の根本義』）。

二度目の国体明徴声明において、美濃部の機関説を否定するために用いられた、「芟除」という見慣れない用語は、「刈り取る」といった程度の意味だが、これは美濃部が痛烈に批判した『国防の本義と其強化の提唱』において、軍がみずからの意に従わないあらゆる思想を否定するために用いた言葉だった。このあまりに軍部におもねった引用は、ここにおいて、政府が思想政策のうえで軍部に対して完全降伏したことを象徴的に示していよう。

こうして、帝国憲法体制を支えてきたかつての正統な国体論が、総力戦体制への変革を志向する軍部の行動を正当化するかつての異端・神がかり的国体論によって沈黙を余儀なくされ、帝国憲法体制を維持する目的で天皇権威やアマテラスにあえて嵌《は》められていた抑制のタガが外されるに至ったのである。

暴走する政治シンボル

天皇権威や政治シンボルのタガを外すことは、軍部が政権を掌握するために不可欠だったが、同時に、タガの外れた天皇権威や政治シンボルは、軍部内の青年将校の間に下克上・独断専行の気風を蔓延《はびこ》らせ、野放図な政治テロ・クーデターをますますのさばらせる元凶ともなった。つまり、伊藤博文《いとうひろぶみ》らが危惧したリスクが噴き出したのである。

一九三三（昭和八）年に作成された「皇軍本然の任務に就て」は、青年将校たちに浸透した下克上・独断専行の気風をよく表わしている。これによれば、彼らは、皇軍の「神聖使命」とは「（アマテラスの）天壌無窮の皇運を扶翼し世界に冠絶なる崇高偉大なる国体を擁護し、天業を恢弘し万民を安らかにす」ることであるとし、政治シンボルとしてのアマテラスを介して、みずからの存在意義および行動のすべてを神聖化した。また、独断専行による武力行使については、天皇の軍隊である以上、指揮は天皇の大命によることが原則だが、非常事態においては大命が常に下るわけではない、だから、「大元帥（天皇）陛下及び上級指揮官の命令の有無に関せず」、「吾等は神意の閃く所により」行動する、たとえ上官の命令に逆らうことになろうと、「神意を体し、天皇の大御心《おおみごころ》を心とし」「皇運を扶翼」しさえすれば、何をやっても許されるとした（高橋正衛編『現代史資料（5）』）。つまり、野放図な政治シンボルの運用が、軍部中枢の思惑を超えて、彼らの統率し得ない危険な武装グループの行動の支えになってしまっていたのである。

事実、こうした気風を背景として、一九三〇年代前半には、青年将校と右翼の結託による政治テロ・クーデター事件が頻発した。主なものだけを挙げると、一九三二年二月・三月には、前大蔵大臣と三井合名会社理事長が暗殺され（血盟団事件）、五月には、海軍青年将校がクーデターを起こし犬養毅首相が暗殺された（五・一五事件）。一九三四年一一月には、村中孝次《むらなかたかじ》・磯部浅一《いそべあさいち》ら陸軍青年将校がクーデター計画容疑で検挙された（士官学校事件）。

ところで、政治テロやクーデターに及んだ青年将校の多くは、非エリートであり中・下層階級出身だった。そのため、永田鉄山ら一夕会のエリートたち（いわゆる統制派）が、一九三〇年代に軍部中枢を掌握し重臣や政党・革新派官僚らとのコネクションを通して政府の中枢を操るまでに至ると、彼らに対して、国家改造の理想がその実彼らの権力掌握の野望に他ならず、自分たちは彼らに利用されているだけではないかという、強い疑念を持つようになった。青年将校たちは、みずからを倒幕の志士、統制派を幕府になぞらえた。そこに起こった士官学校事件による同志の検挙を、そんな彼らは統制派による陰謀であると受け止め、疑念は統制派に対する反発へと転化した。七月には、村中・磯部らによって、統制派の横暴振りを批判する「粛軍に関する意見書」が各方面に頒布され、統制派と青年将校との対立が表面化するに至った。

そして、七月一五日付けで、統制派にバックアップされた林陸相によって、急進派青年将校がリーダーと仰ぐ真崎教育総監が更迭されると、彼らの怒りがついに爆発し、八月一二日には、相沢三郎《あいざわさぶろう》中佐による永田鉄山殺害事件が起こった。ただちに憲兵によって逮捕された相沢は、憲兵曹長小坂慶助《こさかけいすけ》の尋問に対し、「伊勢神宮の神旨によって、天誅が下ったのだ。おれの知ったことではない」と息巻いた（『特高』）。軍部中枢は、みずからタガを外した政治シンボルによって、逆にみずからの地位や命を脅かされる事態に陥ったわけである。

なお、永田を失った統制派は、青年将校のさらなる反発を恐れて強硬な弾圧を行えなかった。事件の責任をとって辞任した林の後任として陸軍大臣となった川島義之《かわしまよしゆき》は、青年将校のシンパだった荒木や真崎に近い人物で、青年将校と統制派の仲立ちを期待されたが、この事態を収拾する能力がなく、優柔不断な態度に終始したため、翌年二月の青年将校によるクーデターの暴発（二・二六事件）を防ぐことができなかった。

しかし、二・二六事件は、杉山元《すぎやまはじめ》・梅津美治郎《うめづよしじろう》らを基幹とする新統制派にとって奇貨となった。これを契機として、彼らは、三月から一一月にかけて大規模な人事異動を行い、軍内部の急進派青年将校やそのシンパを容赦なく「芟除」することに成功したのである。

また、この事件のインパクトを利用して、岡田内閣の総辞職に伴う広田弘毅《ひろたこうき》新内閣の組閣人事に干渉し、軍部の国政掌握を決定的なものとした。

政治シンボルの成れの果て

一九三七（昭和一二）年五月、軍部が主導権を握る政府の下で、『国体の本義』が刊行された。ここにおいて、政府は、アマテラスという政治シンボルを帝国憲法体制によるいっさいの規制から解き放つことを改めて公式見解と定め、それを来るべき総力戦体制の絶対的な正当化原理として定式化した。

これ以降、天皇は、政治シンボルであるアマテラスと一体化した「現人神」と見なされるようになり、「神」の名の下に、政府（軍部）の政策に背くあらゆる思想や言動は、右翼も左翼もかかわりなく、徹底的に「芟除」され、すべての国民が、政府と不可分なこの絶対的な権威への完全な帰一を求められた。そして、日本は国を挙げて、一九三七年七月の日中全面戦争、一九四一年一二月のアメリカ・イギリスに対する宣戦へと、出口なしの総力戦へとのめり込んで行くのである。

ところで、戦後になって、軍部エリートや政府関係者からこの戦争が元々勝ち目の無いものであることに気付いていたとする証言が多数挙げられた。しかし、にもかかわらず、一九四五年の敗戦を迎えるまで、ついに彼らはそれを自力で止めることができなかった。

それはいったいなぜだろうか。もちろん、理由は多々あろうが、彼らが政治シンボルをコントロールするタガを外し、彼らの政策が誤った時に修正の道を指し示してくれる反対派の思想・言動を「芟除」し、ひたすらに「現人神」への帰一を唱えた結果、政治シンボルが際限なく肥大化し、人智によるいっさいの制御を許さない怪物と化し、それによって正当化された国家権力に自力で歯止めをかける術がなくなってしまったことも、その大きな理由の一つではなかろうか。

一九四〇年一一月、宮崎県に「八紘一宇」を象徴化したモニュメントタワー「八紘之基柱《あめつちのもとはしら》」（図30）が建設された。この塔の内部レリーフには、彫刻家日名子実三《ひなごじつぞう》の手によって、「八紘一宇」のヴィジョンが、「母」に擬せられたアマテラスが「子」に擬せられた日本・中国・満州を慈しむ様として描き出された（図31）。つまり、ここにおいて、アマテラスという政治シンボルは、日本という一国家のスケールを超えて世界大に拡張され、「八紘一宇」（世界を一つの家にする）の現実化を担うという誇大な機能を持たされたのである。

また、この建設を立案・指揮した宮崎県知事相川勝六《あいかわかつろく》（後藤文夫の元部下）は、目下の日中戦争を「聖戦」として正当化し、総力戦体制に国民を帰一させるべく、この塔の形象を「罪穢《けが》れを祓《はら》う御幣《ごへい》」と定めた。彼は、日中戦争の目的は、「支那（中国）の枉事罪穢《まがことつみけがれ》

図30　八紘之基柱
（日名子実三デザイン、宮崎市）

図31　同上塔内部のレリーフ《紀元二千六百年》（部分、同上デザイン）

を祓う」ことにある。だから、「聖戦」であり、この祓いは、「聖戦」の究極目的である「八紘一宇」に向けて、中国だけではなく、自分にも、日本にも、世界にも浸透されなければならないとした（『紀元二千六百年奉祝と県民の覚悟』）。すなわち、総力戦を巨大な御幣を振るう禊祓《みそぎはらえ》になぞらえたのである。

だが、誰に何の権利があってこの戦争を禊と扱い得るだろうか、そして、この御幣を振るい得るのだろうか。あまりに残酷で、あまりに巨大すぎる御幣。それを平然と振るうことは、本来、不可能事であるはずである。仮にそれを可能とする者がいるとすれば、八紘之基柱に形象化された巨大な御幣の陰にぼんやりと浮かび上がった、目には見えず、人智による抑制も効かない、巨大な神に他ならない。それこそが、明治維新から一貫して天皇統治の正当性を支えてきた政治シンボルとしてのアマテラスの怪物化した成れの果ての姿であった。

「象徴」天皇制再考――エピローグ

政治シンボルの交代

一九四五（昭和二〇）年一二月、連合国最高司令官総司令部（GHQ）は、日本の降伏条件を定めたポツダム宣言第一〇項「日本国政府は、日本国国民に於ける民主主義的傾向の復活強化に対するいっさいの障礙《しょうがい》を除去すべし。言論、宗教及び思想の自由並びに基本的人権の尊重は、確立せらるべし」に基づいて、日本政府に対する覚え書「国家神道、神社神道に対する政府の保証、支援、保全、監督ならびに弘布《こうふ》の廃止にかんする件」（いわゆる「神道指令」）を発した。

この指令は、「国家指定の宗教乃至祭式に対する信仰或いは信仰告白」の強制から日本国民を解放し、神道の教義と信仰の歪曲によって日本国民が欺かれ侵略戦争へ誘導されるようなことが二度と起こらないようにするため、神道を始めとするいっさいの宗教の政治利用を禁じた。

日本政府は、敗戦後もなお、国体護持の姿勢を崩さなかったが、この指令を受け、一九四六年一月一日、天皇の名による年頭の詔書（いわゆる「人間宣言」）を発するに至った。

朕《ちん》と爾《なんじ》等《ら》国民との間の紐帯は、終始、相互の信頼と敬愛とに依りて結ばれ、単なる神話と伝説とに依りて生ずるものに非《あら》ず。天皇を以て現《あきつ》御神《みかみ》とし、且つ日本国民を以て、他の民族に優越する民族にして、延いては世界を支配すべき運命を有すとの架空なる観念に基くものにも非ず。

つまり、政府は天皇の言葉によって、天皇自身の神性を否定し、天皇の特殊な地位や天皇統治、政府の侵略政策の正当性を強力に支えてきた記紀神話に基づく政治シンボル（アマテラスも当然ここに含まれる）の存在を否定した。

ただし、これでいっさいの政治シンボルが天皇制の政治文化から失われたというわけではない。なぜならば、「人間宣言」の前段には、明治天皇の五箇条の誓文《せいもん》が敗戦後の新日本の国家的理想として掲げられたからである。ここには、明治天皇が、ＧＨＱの要求する政治の世俗化・民主化に対応した理想の君主像と統治像を提供する新たな政治シンボルとしてアマテラスに成り代わり提示されたことが読み取れる。

そして、旧憲法に代わる日本国憲法は、同年一一月三日の明治節（明治天皇誕生日）を期して公布された。旧憲法が、それを正当化する目的で紀元節（神武天皇即位日）に合わせて公布されたことを考えれば、このタイミングに、政治シンボルとしての明治天皇によって、新体制を正当化する狙いがあったことは否定し得ないだろう。

もっとも、日本国憲法には、明治天皇の名はなく、その第一条条文が、天皇という地位自体を政治シンボルとして定めたため、これ以降、明治天皇が政治シンボルとして積極的に運用されることはなくなった。つまり、明治天皇は、アマテラスから象徴天皇への政治シンボルの交代劇の中継ぎに利用された形である。

この交代劇によって、わたしたちが「象徴天皇制」と呼ぶ政治体制が誕生し、それと引き換えに、アマテラスは形式上、明治維新以来の政治シンボルから元の宗教シンボルに戻った。

とはいえ、アマテラスが曲りなりにも八〇年近く政治シンボルとして運用されてきたことの影響が全く消え去るということはない。同年五月二四日、天皇はラジオ放送を通し、敗戦後の食糧難に喘《あえ》ぐ国民を激励するとともに、国民が「家族国家のうるはしい伝統」に生き、協力して祖国再建に尽力することを切望した（『朝日新聞』一九四六年五月二五日）。先にも見たように、この「家族国家」という統治の理想像は、かつてアマテラスという政治シンボルを介してイメージされたものに他ならない。それが、元の政治シンボルを抜きにして温存された。また、現在でも天皇や政治家の伊勢神宮に対する特別な信仰は消えていない。これも、アマテラスが政治シンボルとして運用されてきたことの残響といえよう。

象徴天皇のリスク

少し古いデータだが、二〇〇二（平成一四）年一二月に実施された『朝日新聞』の世論調査によると、天皇の地位について、「象徴でよい」と回答した人は八六パーセント、「廃止するほうがよい」は八パーセント、「権威を今より高めるほうがよい」は四パーセントだった。

もっとも、「象徴天皇」に対する国民の高い支持は、二一世紀に特有の現象ではなく、戦後を通して一貫した傾向であり、現在でも大して変わらないだろう。例えば、『毎日新聞』（二〇〇一年一二月一七日朝刊）によると、同社が一九七〇（昭和四五）年から二〇〇一年まで計九回、「象徴天皇」の是非について世論調査した結果、「現在のままでよい」が常に最も高く七七〜八四パーセント、「廃止すべきだ」は九〜一四パーセント、「現在よりも、もっと権威と力のあるものにすべきだ」は三〜八パーセントにとどまっており、国民意識は三〇年間ほぼ変わっていない。つまり、戦後一貫して日本国民の大部分が、「象徴天皇」を「安全・無害」な存在として捉えてきたことがわかる。

だがはたして、そう言い切れるだろうか。というのも、このアンケートに答えた人々は、この「象徴」が何であり、わたしたちに何をもたらし得るのか、わたしたちはこれにどう関わり得るのかといった重要な問題前提に関する何のコンセンサスもなしに、何となく雰囲気で回答しているにすぎないからである。天皇がいる限りいつでも戦前の天皇制への回帰は起こり得ると無前提に論じることは戒められねばならないが、それと同じくらいかそれ以上に、無条件に「象徴天皇」の存在を支持することも危険なことである。

国家の手によって国民が二度と悲惨で無謀な戦争に巻き込まれないためにも、思想信教を始めとするあらゆる言動の自由が奪われることがないためにも、わたしたちは最低でも、以下のことを肝に銘じておく必要がある。

つまり、「象徴天皇」もまた、アマテラスと同じ政治シンボルの一種であり、政治シンボルとは有効かつ強力であればあるほど、統治者・被治者双方にとってリスキーなものであるということを。

わたしたちが、政治シンボルを「安全・無害」と感じるのは、それ自体が「安全・無害」だからではない。政治的慣例や制度が、それを「安全・無害」に封じ込めているからにすぎない。そして、そのリスクの封じ込めは容易なことではない。これは、本書で見てきたアマテラスの事例が証明するとおりである。

つまり、政治的状況の変化や政権交代によって、政府における運用方法が変化すれば、抑えていたさまざまなリスクが噴き上がることもあり得るし、政治シンボルに対するあらゆる解釈を抑制することが不可能である以上、政府が「安全・無害」な運用に留意したところで、民間においてリスキーな解釈が育つことは避け得ない。そして、そうした異端の解釈が、めぐりめぐって政府に取り入れられることもあり得るわけである。

もっとも、「象徴天皇」については、「人間宣言」で天皇がみずからの神性を否定したことによって、政治シンボルの最大のリスク要素である宗教シンボルとしての性質が抑制されている。しかし、だからそれが「安全・無害」であるかといえば、そうとも言い切れない。なぜならば、この性質が全く無ければ、それは政治シンボルとしての機能を満たし得ないからである。天皇が全く普通の人間と同じであれば、政治シンボルとしての権威にリアリティは生まれない。やはり、そこには、暗黙の了解として宗教シンボルとしての性質が若干ほのめかされる必要があるわけである。だから、「人間宣言」は、天皇が現御神であることや国民と天皇との紐帯が神話や伝説に拠ることを否定したが、天皇という地位がアマテラスの「神勅」に基づくとする従来の説を明確に否定することはなかった。もちろん、「象徴天皇」を支持するすべての人々が、その支持理由を「天皇が神の子孫であるから」としているわけではないだろう。だから、アマテラスに由来する天皇の神性（宗教シンボルとしての性質）は、もはや「埋火《うずみび》」のような状態でしかないが、一方で、それは天皇が政治シンボルであること（「象徴天皇」という制度）のリアリティには未だに不可欠なのだ。だから、即位二〇周年式典で天皇がアマテラスになぞらえられたのである。

そして、この「埋火」が再び大きな炎にならないためには、政治的慣例によって、それを抑制するだけではどうしても間に合わない。法として成文化されていない慣例は、それを運用する者の都合でいくらでも改変し得るからである。そのことは、アマテラスの事例からして言い得るし、現憲法によっていっさいの政治行為を禁じられているはずの「象徴天皇」が保守党政権による「解釈改憲」を通して盛んに皇室外交を行うようになった現状にも如実に表われている。

だからこそ、わたしたちは、政治シンボルとは何か、わたしたちに何をもたらし得るのか、わたしたちはそれに何をもたらし得るのかを盛んに議論したうえで、政治シンボルの是非を論じねばならないし、天皇を政治シンボルとして採用し運用し続けるならば、そのリスクをあらかじめ抑制する条項を憲法に明記しなければならない。また、政府が政治シンボルによって、わたしたちの自由を抑圧するような事態が起こる前に、それに対抗する術を身に着けるためにも、こうした議論を怠ってはならないのである。

あとがき

本書は、わたしにとって初めての単著である。到底、わたし一人の力では完成させることなどできなかった。家族の支えは言うに及ばず、ここに至るまでの研究成果を発表させていただいた、千葉大学美術史研究室、明治美術学会、美術史学会、ジェンダー史学会、イメージ&ジェンダー研究会、国際日本文化研究センター、カルチュラル・スタディーズ・フォーラムなど、さまざまな研究会・学会で知り合ったみなさんの学恩を忘れることはできない。

特に、美術史・歴史学を学部生の頃からご指導くださり、未だに常勤職の決まらないわたしを気にかけてくださる千葉大学の池田忍先生、直接の指導学生ではないにも関わらず、いつも温かい目で見守ってくださる上村清雄先生には感謝申し上げたい。また、本書の元になった博士論文「近代天皇制国家における神話的シンボルの政治的機能」の審査に副査として関わっていただいた安田浩先生、長田謙一先生にも感謝申し上げたい。そして、美術史・歴史学のもう一人の師であり、時には叱咤し、時には激励し、怠け癖のあるわたしを（今もなお）刺激し続けてくださる若桑みどり先生に心からの感謝を。

本書は、最初から最後まで懇切丁寧にサポートしてくださった吉川弘文館の伊藤俊之さんなくしては生まれることなどできなかった。執筆を引き受けたものの、このテーマのあまりの重さ、先行研究の膨大さ、加えて一般書という高いハードルにわたしの筆はなかなか進まなかった。答えが出るかどうかもさだかではないこちらの長考に、（三年も！）忍耐強く付き合ってくださった伊藤さんには、いくらお詫びし、いくら感謝の気持ちを申し上げても足りないほどである。

本書のテーマ設定が、天皇制研究に従事してきた専門家の先達から見れば、シロウト同然のわたしが手がけるにしては、大胆にすぎ不遜な企てであることは百も承知である。しかし、それでもわたしは本書を読者のみなさんの前に提示し、世に問う価値があることを確信している。本書執筆中の二〇一一年三月一一日に起こった東日本大震災によって引き起こされた福島原発の状況を見るにつけ、その確信は強まっている。人智を超えるような巨大な「力」を用いるには、それを暴走させないような手立てを突き詰めねばならない。もしも、それができなければ用いるべきではないのだ。みなさんは、原発と天皇制を一緒にするなと反発するかもしれない。現状の天皇制は暴走とは無縁であるかのように見えるからだ。しかし、本文でも書いたように、かつて暴走を引き起こした要素は決して失われていない。暴走してから「想定外の事態」と嘆いたところで何の解決にもならないのである。

すでに本文をお読みになったみなさんは、本書のテーマ設定や叙述スタイルが、正統派の天皇制研究に比べて明らかに異質ではあることに当惑したかもしれない。しかし、異端であるからこそ、正統派が見逃してきたさまざまな事象に光を当てることができるはずである。

もちろん、異端が正統よりも上であるとか下であるとかいうつもりは毛頭ない。それどころか、本書に対しては、実証的な調査研究が足りていないとか、一般向けに大胆に要約したために言い回しが稚拙あるいは不穏当になっているとか、政治シンボルの理論的説明が中途半端であるとか、植民地神社のことに言及しないのはどうなんだとか、さまざまな不満が出てくることが予想される。忌憚のないご叱正・ご鞭撻を賜れば幸いである。

本書では、この壮大なテーマの暫定的な見取り図を示したにすぎない。研究はまだ続く。

近い将来、みなさんのご叱正・ご鞭撻の上に、さらにこのテーマを突き詰め、新たな一冊を書き上げることを約束し、ここに擱筆としたい。

二〇一一年一〇月

千　葉　　慶

参考文献

天皇制における「シンボル」とは何か?―プロローグ
榎原　猛『憲法―体系と争点』法律文化社、一九八六年
黒田　覚「象徴天皇制の意義と機能」清宮四郎・佐藤功編『憲法講座』1、有斐閣、一九六三年
佐藤　功『日本国憲法概説　全訂第五版』学陽書房、一九九六年
清宮四郎『憲法Ⅰ』有斐閣、一九五七年
冨永　望「『象徴天皇制』という言葉―用語の定着過程」『史林』八九―五、二〇〇六年九月
リン・ハント（松浦義弘訳）『フランス革命の政治文化』平凡社、一九八九年

統治／革命の正当化―政治シンボルのアンビヴァレントな性質
会沢正志斎「新論」今井宇三郎・瀬谷義彦・尾藤正英編『日本思想大系53　水戸学』岩波書店、一九七三年）
阿部安成「鯰絵のうえのアマテラス」『思想』九一二、二〇〇〇年六月
伊木壽一「明治天皇御即位式と地球儀」『歴史地理』五二―六、一九二八年一二月
大桑　斉「徳川将軍権力と宗教―王権神話の創出」『岩波講座天皇と王権を考える4　宗教と権威』岩波書店、二〇〇二年

加藤隆久「明治・即位礼と福羽美静」『神道史研究』二八—二、一九八〇年二月
鹿野政直『資本主義形成期の秩序意識』筑摩書房、一九六九年
上川通夫「中世の即位儀礼と仏教」『日本史研究』三〇〇、一九八七年八月
北原糸子『地震の社会史—安政大地震と民衆』（『講談社学術文庫』一四四二）、講談社、二〇〇〇年
宮内省臨時帝室編修局編『明治天皇紀』一、吉川弘文館、一九六八年
斎藤英喜『読み替えられた日本神話』（『講談社現代新書』一八七一）、講談社、二〇〇六年
斎藤月岑（今井金吾校訂）『定本武江年表』下（『ちくま学芸文庫』）、筑摩書房、二〇〇四年
佐々木克「東京『奠都』の政治過程」『人文学報』六六、一九九〇年三月
佐藤弘夫『アマテラスの変貌—中世神仏交渉史の視座』法蔵館、二〇〇〇年
佐藤弘夫『神国日本』（『ちくま新書』五九一）、筑摩書房、二〇〇六年
菅原信海『山王神道の研究』春秋社、一九九二年
曽根原理『徳川家康神格化への道—中世天台思想の展開』吉川弘文館、一九九六年
曽根原理『神君家康の誕生—東照宮と権現様』（『歴史文化ライブラリー』二五六）、吉川弘文館、二〇〇八年
多田好問編『岩倉公実記』中、岩倉公旧跡保存会、一九二八年
田村善次郎「伊勢参宮」宮本常一編著『旅の民俗と歴史五　伊勢参宮』八坂書房、一九八七年
筑紫申真『アマテラスの誕生』（『講談社学術文庫』一五四五）、講談社、二〇〇二年
遠山茂樹編『日本近代思想大系2　天皇と華族』岩波書店、一九八八年

遠山茂樹『明治維新と天皇』岩波書店、一九九一年
遠山茂樹『明治維新』（『岩波現代文庫』G三二）、岩波書店、二〇〇〇年
中瀬寿一・村上義光「大塩事件の全国各地運動と〝世直し〟闘争の爆発、民衆文化の創造へ—長州藩＝〝天保大一揆〟、江戸＝〝大打ちこわし寸前の状態〟その他、幕藩体制の構造的矛盾激化」『大阪産業大学論集　社会科学編』七四、一九八九年五月
新田一郎「『虚言ヲ仰ラル、神』」『列島の文化史』六、一九八九年九月
日本史籍協会編『中山忠能履歴資料』第九（『日本史籍協会叢書』一六七）、東京大学出版会、一九七四年
ピーター・L・バーガー（薗田稔訳）『聖なる天蓋—神聖世界の社会学』新曜社、一九七九年
羽賀祥二「神道国教制の形成—宣教使と天皇教権」『日本史研究』二六四、一九八四年八月
羽賀祥二『明治維新と宗教』筑摩書房、一九九四年
尾藤正英「水戸学の特質」今井宇三郎・瀬谷義彦・尾藤正英編『日本思想大系53　水戸学』岩波書店、一九七三年
福羽美静「即位新式抄」伊藤博文編『秘書類纂　雑纂　弐』秘書類纂刊行会、一九三六年
藤田　覚『幕末の天皇』（『講談社選書メチエ』二六）、講談社、一九九四年
藤田　覚「大塩事件と朝廷・幕府」『近世政治史と天皇』吉川弘文館、一九九九年
藤谷俊雄「国家神道の成立」『日本宗教史講座』一、三一書房、一九五九年
藤谷俊雄『「おかげまいり」と「ええじゃないか」』（『岩波新書』六八〇）、岩波書店、一九六八年
松本三之介「天皇制法思想」『天皇制国家と政治思想』未来社、一九六九年

丸山裕美子「天皇祭祀の変容」『日本の歴史08　古代天皇制を考える』（『講談社学術文庫』一九〇八）、講談社、二〇〇九年
溝口睦子『アマテラスの誕生―古代王権の源流を探る』（『岩波新書』一一七一）、岩波書店、二〇〇九年
宮城公子『大塩平八郎』（『朝日評伝選』16）、朝日新聞社、一九七七年
村上重良・安丸良夫編『日本思想大系67　民衆宗教の思想』岩波書店、一九七一年
村上重良『天皇制国家と宗教』（『講談社学術文庫』一八三二）、講談社、二〇〇七年
明治文化研究会編『明治文化全集17　皇室篇』日本評論社、一九六七年
明治文化研究会編『明治文化全集25　雑史篇』日本評論社、一九六八年
本居宣長「玉くしげ」大野晋・大久保正編『本居宣長全集』八、筑摩書房、一九七二年
安丸良夫「『おかげ参り』と『ええじゃないか』」庄司吉之助・林基・安丸良夫編『日本思想大系58　民衆運動の思想』岩波書店、一九七〇年
安丸良夫「民衆運動の思想」庄司吉之助・林基・安丸良夫編『日本思想大系58　民衆運動の思想』岩波書店、一九七〇年
安丸良夫『近代天皇像の形成』（『岩波現代文庫』G一八六）、岩波書店、二〇〇七年
山本ひろ子『中世神話』（『岩波新書』五九三）、岩波書店、一九九八年
義江彰夫『神仏習合』（『岩波新書』四五三）、岩波書店、一九九六年
「浮世の有さま」（庄司吉之助・林基・安丸良夫編『日本思想大系58　民衆運動の思想』岩波書店、一九

七〇年
宗教と非宗教の狭間に―政治シンボルの馴致
飛鳥井雅道『明治大帝』(『ちくま学芸文庫』)、筑摩書房、一九九四年
飛鳥井雅道『日本近代精神史の研究』京都大学学術出版会、二〇〇二年
有泉貞夫「明治国家と祝祭日」『歴史学研究』三四一、一九六八年一〇月
有泉貞夫「宝祚節不制定始末」赤松俊秀退官記念事業会編『赤松俊秀教授退官記念国史論集』赤松俊秀退官記念事業会、一九七二年
家永三郎「日本における共和主義の伝統」『思想』四一一、一九五八年九月
石井寛治『大系日本の歴史12　開国と維新』(『小学館ライブラリー』一〇一二)、小学館、一九九三年
稲田正次『明治憲法成立史』上、有斐閣、一九六〇年
稲田正次『教育勅語成立過程の研究』講談社、一九七一年
大国隆正「神祇官本義」安丸良夫・宮地正人編『日本近代思想大系五　宗教と国家』岩波書店、一九八八年
小野祖教編『神道思想名著集成』中、国学院大学日本文化研究所第三研究室、一九七二年
加藤弘之「真政大意」「国体新論」植手通有編『日本の名著34　西周・加藤弘之』中央公論社、一九七一年
宮内省臨時帝室編修局編『明治天皇紀』二、吉川弘文館、一九六九年

阪本是丸「教部省設置に関する一考察―神道国教化政策の展開を中心に」『国学院大学日本文化研究所紀要』四四、一九七九年九月
阪本是丸「日本型政教関係の形成過程」井上順孝・阪本是丸編著『日本型政教関係の誕生』第一書房、一九八七年
佐々木克『幕末の天皇・明治の天皇』(『講談社学術文庫』一七三四)、講談社、二〇〇五年
春畝公追頌会編『伊藤博文伝』中、純正社、一九四〇年
高木博志「神道国教化政策崩壊過程の政治史的考察」『ヒストリア』一〇四、一九八四年九月
竹永三男「島根県における紀元節の歴史的諸段階：一八七三年〜一九四八年―『島根近代史』像のための一つの試み」『山陰文化研究紀要』二四、一九八四年三月
千葉　慶「近代神武天皇像の形成―明治天皇＝神武天皇のシンボリズム」『近代画説』一一、二〇〇二年一二月
鶴巻孝雄『近代化と伝統的民衆世界』東京大学出版会、一九九二年
常世長胤「神教組織物語」安丸良夫・宮地正人編『日本近代思想大系5　宗教と国家』岩波書店、一九八八年
鳥羽重宏「天照大神の像容の変遷について―女体像・男体像から雨宝童子像にいたる図像学」『皇学館大学神道研究所紀要』一三、一九九七年
中島三千男「『明治憲法体制』の確立と国家のイデオロギー政策―国家神道体制の確立過程」『日本史研究』一七六、一九七七年四月

日本史籍協会編『大久保利通文書』四（『日本史籍協会叢書』三一）、東京大学出版会、一九六八年
羽賀祥二「神道国教制の形成―宣教使と天皇教権」『日本史研究』二六四、一九八四年八月
芳賀　登「幕末変革期における国学者の運動と論理―とくに世直し状況と関連させて」芳賀登・松本三之介編『日本思想大系51　国学運動の思想』岩波書店、一九七一年
橋川文三『ナショナリズム―その神話と理論』（『紀伊国屋新書』B三二）、紀伊国屋書店、一九六八年
藤井貞文「宣教使の研究」『国学院雑誌』五八五・五八六、一九四三年五月・六月
藤井貞文「宣教使に於ける教義確立の問題」『神道学』五一、一九六六年一一月
松本　博「自由民権期における『世直し』運動―『神代復古誓願』運動関係史料について」『近代徳島民衆的世界の形成　附「神代復古誓願」運動史料集』教育出版センター、二〇〇〇年
宮地正人「近代天皇制イデオロギー形成過程の特質」『天皇制の政治史的研究』校倉書房、一九八一年
安丸良夫『神々の明治維新――神仏分離と廃仏毀釈』（『岩波新書』一〇三）、岩波書店、一九七九年
安丸良夫・宮地正人編『日本近代思想大系5　宗教と国家』岩波書店、一九八八年
「明治四年神文大外ノ四省ノ要件アリ」『大木喬任文書』国立国会図書館憲政資料室所蔵

せめぎあう解釈―政治シンボルの暴走へ

赤沢史朗『近代日本の思想動員と宗教統制』校倉書房、一九八五年
荒木貞夫述『全日本国民に告ぐ』大道書院、一九三三年
有泉貞夫「明治国家と民衆統合」『岩波講座日本歴史17　近代4』岩波書店、一九七六年

池田　昭編『大本史料集成Ⅰ　思想篇』三一書房、一九八二年
池田　昭編『大本史料集成Ⅱ　運動篇』三一書房、一九八二年
池田　昭編『大本史料集成Ⅲ　事件篇』三一書房、一九八五年
伊藤　隆『昭和初期政治史研究』東京大学出版会、一九六九年
伊藤博文（宮沢俊義校註）『憲法義解』（『岩波文庫』青一一一―一）、岩波書店、一九四〇年
井上哲次郎『我が国体と国民道徳』広文堂書店、一九二五年
今井清一編著『日本の百年6　震災にゆらぐ』（『ちくま学芸文庫』）、筑摩書房、二〇〇八年
内田康哉・荒木貞夫『非常時読本』趣味の教育普及会、一九三三年
大内　力『日本の歴史24　ファシズムへの道』（『中公文庫』Ｈ一―二四）、中央公論社、一九七四年
大谷栄一「日蓮主義・天皇・アジア―石原莞爾における世界統一のヴィジョン」『思想』九四三、二〇〇二年一一月
大谷　渡「教派神道の発展」小山仁示編『大正期の権力と民衆』法律文化社、一九八〇年
岡　義武「日露戦争後における新しい世代の成長」篠原一・三谷太一郎編『岡義武著作集』三、岩波書店、一九九二年
筧　克彦『国家之研究』一、清水書店、一九一三年
筧　克彦『神ながらの道』内務省神社局、一九二六年
筧　克彦編『神あそびやまとばたらき』蘆田書店、一九二四年
筧　克彦『大日本帝国憲法の根本義』岩波書店、一九三六年

筧　克彦『古神道大義』筧克彦博士著作刊行会、一九五八年
筧　泰彦「父筧克彦のことども」『学士会会報』六九〇、一九六六年一月
河島　真「国維会論―国維会と新官僚―」『日本史研究』三六〇、一九九二年八月
神崎　清『革命伝説1　黒い謀略の渦』芳賀書店、一九六八年
清原貞雄編『国体論史』内務省神社局、一九二一年
久保田収「信教自由問題と神宮・神社」『神宮・明治百年史』下、神宮司庁文教部、一九七〇年
久米邦武「神道は祭天の古俗」田中彰・宮地正人編『日本近代思想大系一三　歴史認識』岩波書店、一九九一年
小坂慶助『特高』啓友社、一九五三年
小谷保太郎編『国体冒涜著書ニ関スル請願書―文学博士井上哲次郎氏ノ＝神宮皇室ニ対スル大不敬事件＝』政教社、一九二六年
佐々木敏二「一地方におけるファシズム運動―長野県下伊那の場合」藤井松一・岩井忠熊・後藤靖編『日本近代国家と民衆運動』有斐閣、一九八〇年
島内登志衛編『谷干城遺稿』上、靖献社、一九一二年
鈴木正幸『近代天皇制の支配秩序』校倉書房、一九八六年
鈴木正幸『皇室制度―明治から戦後まで』（『岩波新書』二八九）、岩波書店、一九九三年
鈴木正幸『国民国家と天皇制』校倉書房、二〇〇〇年
鈴木義一「頒布大麻及び暦について」『神宮・明治百年史』補遺、神宮司庁文教部、一九七一年

隅谷三喜男「国民的ヴィジョンの統合と分解」久野収・隅谷三喜男編『近代日本思想史講座5　指導者と大衆』、筑摩書房、一九六〇年
関口すみ子『国民道徳とジェンダー――福沢諭吉・井上哲次郎・和辻哲郎』東京大学出版会、二〇〇七年
高橋正衛編『現代史資料(5)　国家主義運動2』みすず書房、一九六四年
田中巴之助『師子王　国体篇』一、師子王全集刊行会、一九三二年
玉沢光三郎「所謂『天皇機関説』を契機とする国体明徴運動」今井清一・高橋正衛編『現代史資料(4)　国家主義運動1』みすず書房、一九六三年
千葉　慶「《八紘之基柱》の図像プログラム」『美術史』一六六、二〇〇九年三月
帝国在郷軍人会本部編『大日本帝国憲法の解釈に関する見解』軍人会館事業部、一九三五年
戸部良一『日本の近代9　逆説の軍隊』中央公論社、一九九八年
中瀬寿一『近代における天皇観』三一書房、一九六三年
新田　均「上杉慎吉の政教関係論」『近代政教関係の基礎的研究』大明堂、一九九七年
野井憲樹編・相川勝六述『紀元二千六百年奉祝と県民の覚悟』紀元二千六百年宮崎県奉祝会、一九三九年
橋川文三『昭和維新試論』(『ちくま学芸文庫』)、筑摩書房、二〇〇七年
橋川文三編著『日本の百年7　アジア解放の夢』(『ちくま学芸文庫』)、筑摩書房、二〇〇八年
秦　郁彦『軍ファシズム運動史　増補版』河出書房新社、一九七二年
星島二郎編『最近憲法論――上杉慎吉対美濃部達吉』みすず書房、一九八九年（原著は実業之日本社、一九一三年）

穂積八束『憲法大意―国民教育』八尾書店、一八九七年
穂積八束『愛国心―国民教育』八尾書店、一八九七年
松尾尊兊『大正デモクラシーの群像』（『同時代ライブラリー』三五）、岩波書店、一九九〇年
松本三之介編著『日本の百年3　強国をめざして』（『ちくま学芸文庫』）、筑摩書房、二〇〇七年
三井須美子「家族国家観による『国民道徳』の形成過程」『都留文科大学研究紀要』三二・三三・三四・三五・三六・三七、一九九〇年三月・一〇月・一九九一年三月・一〇月・一九九二年三月・一〇月
三潴信吾「筧克彦」『神道宗教』四一、一九六五年一一月
宮川寅雄「国民的文化の形成（二）」『岩波講座日本歴史18　現代〔1〕』岩波書店、一九六三年
三宅雪嶺『同時代史』二、岩波書店、一九五〇年
宮沢俊義『天皇機関説事件―史料は語る』上・下、有斐閣、一九七〇年
宮地正人「大本教不敬事件―新興宗教と天皇制イデオロギー」我妻栄他編『日本政治裁判史録　大正』第一法規出版、一九六九年
宮地正人「日露前後の社会と民衆」歴史学研究会・日本史研究会編『講座日本史6　日本帝国主義の形成』東京大学出版会、一九七〇年
宮地正人「天理研究会不敬事件―天皇制憎悪の新興宗教」我妻栄他編『日本政治裁判史録　昭和・前』第一法規出版、一九七〇年
宮地正人「近代天皇制イデオロギーと歴史学―久米邦武事件の政治史的考察」『天皇制の政治史的研究』校倉書房、一九八一年

村上重良『評伝出口王仁三郎』三省堂、一九七八年
森岡清美『近代の集落神社と国家統制―明治末期の神社整理』吉川弘文館、一九八七年
森川輝紀『国民道徳論の道―「伝統」と「近代化」の相克』三元社、二〇〇三年
文部省編『高等小学修身書　第三学年用』文部省、一九一〇年
文部省編『国体の本義』内閣印刷局、一九三七年
安田　浩『天皇の政治史―睦仁・嘉仁・裕仁の時代』青木書店、一九九八年
安丸良夫『出口なお』(『朝日選書』三二九)、朝日新聞社、一九八七年
山住正己編『日本近代思想大系6　教育の体系』岩波書店、一九九〇年
山本信良・今野敏彦『近代教育の天皇制イデオロギー―明治期学校行事の考察』新泉社、一九七三年
陸軍省新聞班編『国防の本義と其強化の提唱』陸軍省、一九三四年
和辻哲郎「危険思想を排す」安倍能成他編『和辻哲郎全集』二一、岩波書店、一九九一年
「神宮大麻暦頒布規定」『宗教法人社寺例規集録』千葉県文書館所蔵

「象徴」天皇制再考―エピローグ
村上重良『天皇制国家と宗教』(『講談社学術文庫』一八三二)、講談社、二〇〇七年
渡辺　治『戦後政治史の中の天皇制』青木書店、一九九〇年

※　作成にあたっては、章ごとに編著者の五十音順に配列した。

著者紹介

一九七六年、千葉県に生まれる

一九九八年、千葉大学文学部史学科卒業

二〇〇四年、千葉大学大学院博士課程（日本近代美術史）修了

現在、千葉大学・明治大学・和光大学・武蔵野美術大学ほか非常勤講師

主要著書・論文

『ひとはなぜ乳房を求めるのか』（共著、青弓社、二〇一一年）

「日本美術思想の帝国主義化」（『美学』二一三号、二〇〇三年）

「日米安保体制と裕次郎映画」（『日本研究』三九集、二〇〇九年）

「《八紘之基柱》の図像プログラム」（『美術史』一六六冊、二〇〇九年）

歴史文化ライブラリー

334

アマテラスと天皇

〈政治シンボル〉の近代史

二〇一一年（平成二十三）十二月一日　第一刷発行

著　者　千《ち》葉《ば》　慶《けい》

発行者　前田求恭

発行所　株式会社　吉川弘文館

東京都文京区本郷七丁目二番八号

郵便番号一一三―〇〇三三

電話〇三―三八一三―九一五一〈代表〉

振替口座〇〇一〇〇―五―二四四

http://www.yoshikawa-k.co.jp/

印刷＝株式会社 平文社

製本＝ナショナル製本協同組合

装幀＝清水良洋・大胡田友紀

歴史文化ライブラリー

1996.10

刊行のことば

現今の日本および国際社会は、さまざまな面で大変動の時代を迎えておりますが、近づきつつある二十一世紀は人類史の到達点として、物質的な繁栄のみならず文化や自然・社会環境を謳歌できる平和な社会でなければなりません。しかしながら高度成長・技術革新にともなう急激な変貌は「自己本位な刹那主義」の風潮を生みだし、先人が築いてきた歴史や文化に学ぶ余裕もなく、いまだ明るい人類の将来が展望できていないようにも見えます。

このような状況を踏まえ、よりよい二十一世紀社会を築くために、人類誕生から現在に至る「人類の遺産・教訓」としてのあらゆる分野の歴史と文化を「歴史文化ライブラリー」として刊行することといたしました。

小社は、安政四年(一八五七)の創業以来、一貫して歴史学を中心とした専門出版社として書籍を刊行しつづけてまいりました。その経験を生かし、学問成果にもとづいた本叢書を刊行し社会的要請に応えて行きたいと考えております。

現代は、マスメディアが発達した高度情報化社会といわれますが、私どもはあくまでも活字を主体とした出版こそ、ものの本質を考える基礎と信じ、本叢書をとおして社会に訴えてまいりたいと思います。これから生まれでる一冊一冊が、それぞれの読者を知的冒険の旅へと誘い、希望に満ちた人類の未来を構築する糧となれば幸いです。

吉川弘文館